W0193622

Gedächtnistraining

Roland R. Geisselhart
Christiane Hofmann
Manuela Bürger

Inhalt

Teil 1: Praxiswissen Gedächtnistraining

Teil 2: Gedächtnis Training

Vorwort

Pauken, Büffeln oder stures Auswendiglernen haben heutzutage ausgedient. Dennoch: Ein gutes Gedächtnis und die Fähigkeit, sich auf wichtige Aufgaben zu konzentrieren, sind im Berufsleben unverzichtbare Eigenschaften.

Mit der Geisselhart-Methode können Sie innerhalb kurzer Zeit Ihre Merkfähigkeit und Konzentration spielerisch ausbauen und zu Höchstleistungen steigern. Damit schaffen Sie wichtige Grundlagen für jegliche Art von Erfolg, beruflich wie privat.

In diesem TaschenGuide werden die einzelnen Schritte zum verlässlichen Gedächtnis sowie wichtige Konzentrationstechniken anschaulich dargestellt. Schon nach wenigen Seiten werden Sie die ersten Erfolge verbuchen: Sie vergessen keine Namen mehr und können sich Termine leichter merken. Einzige Voraussetzung: Sie investieren etwas Zeit in die Übungen! Sie werden sich wundern, wie deutlich Sie Ihre Kapazitäten erweitern können und in wie vielen Bereichen Ihres Lebens Sie davon profitieren werden!

Die ersten Schritte zum perfekten Gedächtnis

Es gibt nicht von vornherein das „gute" oder das „schlechte" Gedächtnis. Ihr Gehirn arbeitet wie ein Muskel: Je mehr es gefordert und gefördert wird, umso mehr kann es auch leisten. Und diese Leistungsfähigkeit werden wir nun gemeinsam Schritt für Schritt wachrufen und gezielt ausbauen.

Im folgenden Kapitel erfahren Sie

- wie gut Ihr Gedächtnis im Augenblick ist (S. 8),
- wie Sie Ihre Merkfähigkeit Schritt für Schritt steigern (S. 13) und
- wie Sie Ihre Fantasie beim Gedächtnistraining einsetzen (S. 22).

Wie gut ist Ihr Gedächtnis?

Lassen Sie uns zunächst testen, wie gut Ihr Gedächtnis im Augenblick tatsächlich ist. Versuchen Sie sich die folgenden zehn Posten einer Einkaufsliste einzuprägen. Lesen Sie die Liste zweimal aufmerksam durch und dann schlagen Sie das Buch zu und notieren die Posten, an die Sie sich noch erinnern können.

- Fischstäbchen
- Toilettenpapier
- Zitronenlimonade
- Zahnpasta
- Streichkäse
- Äpfel
- Feldsalat
- Mayonnaise
- Butter
- Eier

Seien Sie nicht allzu enttäuscht, wenn Sie nicht mehr alle zehn Artikel wissen – im Normalfall merken wir uns ohne größeren Aufwand gerade einmal sieben bis acht Punkte. Wir werden Ihnen später noch zeigen, wie Sie sich auch diese Liste spielend einprägen und souverän wiedergeben können.

Die einfachen Techniken, die wir Ihnen hier aufzeigen, werden schon bald auf komplexere Inhalte übertragen und die Anforderungen werden sich spielend und fast unmerklich steigern. Deshalb bitten wir Sie: Investieren Sie die Zeit und bearbeiten Sie die Übungen regelmäßig, die wir Ihnen präsentieren. Nur so erkennen Sie Ihre Fortschritte!

Warum Gedächtnistraining?

Mit einer einfachen Einkaufsliste fängt also dieses Gedächtnistraining an und auch die weiteren Umsetzungsmöglichkeiten werden sich am praktischen Nutzen für Ihren Alltag orientieren. Wohin konsequentes Üben letztendlich führen kann, zeigt Ihnen das folgende Beispiel.

Ein erfolgreiches Beispiel

Einer meiner Bekannten besuchte vor Jahren meine Gedächtnis-Seminare als Schüler. Später unterrichtete er in seiner Freizeit selbst Jugendliche in Gedächtnistechniken. Vor einiger Zeit wurde er nun von einem Freund gebeten, ihm bei der Vorbereitung zur Prüfung für den „Industriemeister Metall" zu helfen. Mein Bekannter, selbst als einfacher Werkzeugmacher angestellt, stimmte zu und ließ sich dann sogar überreden, sich ebenfalls zu dieser Prüfung anzumelden. Durch sein optimal geschultes Gedächtnis gelang es ihm, die Prüfung innerhalb kürzester Vorbereitungszeit von nur drei Monaten und ohne die geringste externe Schulung sogar mit Auszeichnung zu bestehen!

Was möchten Sie mit Gedächtnistraining erreichen?

Mit einem trainierten Gedächtnis können Sie

- sich eine Einkaufs- oder Erledigungsliste einprägen,
- sich eine neue Sprache erschließen,
- sich Namen und Gesichter von wichtigen Personen dauerhaft merken,
- sich Ihre Termine zuverlässig merken,
- Verkaufsargumente abrufsicher einspeichern,
- ein wichtiges Gespräch vorbereiten und erfolgreich durchführen,
- wichtige Punkte aus einem Vortrag, Film oder Manuskript zuverlässig speichern,
- Skizzen, Zeichnungen oder Pläne schneller verstehen und länger im Kopf behalten,
- im Verkaufsgespräch immer sofort auf die wichtigsten, schlagfertigsten Argumente beziehen,
- einen Tages- oder Wochenplan im Kopf erstellen und nachvollziehen,
- eine freie Rede ohne Manuskript halten,
- die wichtigen Informationen aus Ihrem Alltagsgeschehen schneller, konkreter und effektiver für sich herausfiltern.

Ein zuverlässiges Gedächtnis ist eine wichtige Voraussetzung für beruflichen Erfolg.

Wie Sie mit diesem Buch arbeiten

Wir werden den Schwierigkeitsgrad unserer Übungen langsam steigern und vom Konkreten zum Abstrakten, vom Leichten zum Schweren, von der Theorie zur Praxis entwickeln. Dabei werden die wichtigsten Grundschritte des folgenden Modells dargestellt und mit zahlreichen Beispielen und Übungen genau erläutert. Noch einmal unser Rat: Arbeiten Sie bitte von Anfang an mit!

Wenn Sie möchten, legen Sie sich ein Arbeitstagebuch zu (das kann ein einfaches Schulheft sein), in dem Sie Ihre Übungen schriftlich machen oder eigene Erkenntnisse, Fortschritte oder weiterführende Ideen notieren. Hier können Sie auch unsere Anregungen auf Ihre Bedürfnisse übertragen: Sie halten z. B. wichtige Punkte fest, die Sie sich in Ihrem Arbeitsalltag einprägen wollen, Sie füllen sozusagen unseren Übungsvorschlag mit Ihrem eigenen Material. Das erhöht sicherlich den Anreiz die vorgestellten Techniken konkret einzusetzen, da sich ja ein spezifischer Nutzen für Sie ergibt.

Die Stufen zum perfekten Gedächtnis

Die verschiedenen Stufen und Schwierigkeitsgrade der Geisselhart-Methode bauen systematisch aufeinander auf:

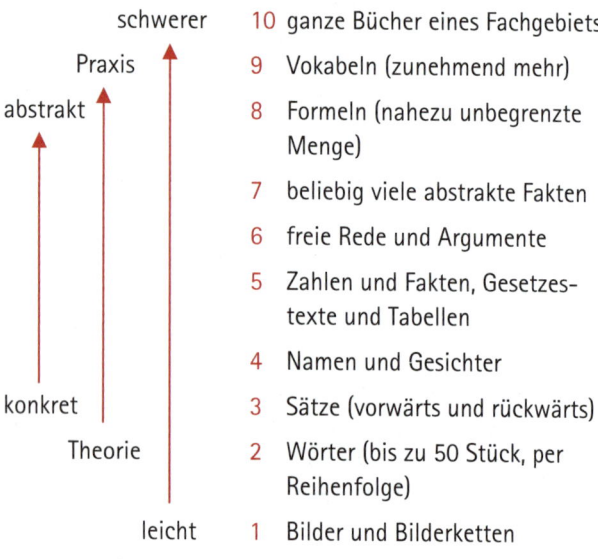

10	ganze Bücher eines Fachgebiets
9	Vokabeln (zunehmend mehr)
8	Formeln (nahezu unbegrenzte Menge)
7	beliebig viele abstrakte Fakten
6	freie Rede und Argumente
5	Zahlen und Fakten, Gesetzestexte und Tabellen
4	Namen und Gesichter
3	Sätze (vorwärts und rückwärts)
2	Wörter (bis zu 50 Stück, per Reihenfolge)
1	Bilder und Bilderketten

Labels on axes: schwerer, Praxis, abstrakt, konkret, Theorie, leicht

Je konsequenter Sie die vorgeschlagenen Übungen machen, umso schneller werden sich Ihre ersten Erfolge einstellen! Deshalb bleiben Sie dran: Übung macht den Meister!

Die Merkfähigkeit steigern

Der erste Schritt: Begriffe mit Bildern verbinden

Erinnern Sie sich noch an die Rudi-Carrell-Show? Stellen Sie sich vor, Sie sind der Kandidat, der am Ende der Sendung „am laufenden Band" sitzt und sich die Preise merken soll.

Übung: „Am laufenden Band"

Prägen Sie sich bitte die folgenden „vorüberziehenden" Gegenstände ein. Lesen Sie die Liste zwei- oder dreimal gründlich durch und versuchen Sie sich dabei so viele Punkte wie möglich zu merken:

- Elektroherd
- Inline-Skates
- Modellkleid
- Stereoanlage
- Schlauchboot
- Basketballkorb
- Spanisch-Wörterbuch
- Miniatur-Oldtimer
- Bettwäschegarnitur
- zwei Barhocker
- Speiseservice
- Musical-Eintrittskarten

Auch hier werden Sie es mit den herkömmlichen Methoden wahrscheinlich nur auf etwa acht oder neun Punkte bringen. Wir zeigen Ihnen nun, wie Sie sich ganz leicht alle Gegenstände dauerhaft einprägen können: Indem Sie nämlich Ihr bildhaftes Vorstellungsvermögen einsetzen. Das heißt, Sie verknüpfen das, was Sie sich merken wollen, zu einer lustigen kleinen Bildergeschichte. Diese Vorstellungen dürfen lebhaft und sogar ein wenig absurd sein.

> Je außergewöhnlicher Ihre inneren Bilder sind, umso leichter werden Sie sich später an alles erinnern!

Unser Vorschlag für die Bildergeschichte

Die Gegenstände auf dem Fließband könnten Sie sich z. B. folgendermaßen einprägen:

Sie öffnen den **Elektroherd** und aus der Klappe rollt, wie von Geisterhand bewegt, ein Paar **Inline-Skates** heraus und überfährt mit quietschenden Rädern das **Modellkleid**. In diesem Moment schaltet sich aus Protest die **Stereoanlage** ein und spielt das Lied vom „knallroten Gummiboot", das dann auch prompt vorbeifährt. In diesem **Schlauchboot** steht ein ziemlich hoher **Basketballkorb**, in den Sie nun gekonnt das **Spanisch-Wörterbuch** hineinwerfen. Es fällt durch die Maschen und genau in den darunter stehenden **Miniatur-Oldtimer**, der sofort davonbraust, sich aber in der **Bettwäsche** verfängt, die auf der Leine zum Trocknen aufgehängt ist. Beim Bremsen purzeln die **beiden Barhocker** aus dem Auto, weil sie nicht angeschnallt waren, und vor lauter Zorn fangen sie an, das Auto mit dem Geschirr (**Speiseservice**) zu bewerfen. Sie hören erst damit auf, als ihnen der Oldtimer zur Versöhnung mit den **Eintrittskarten** winkt …

Wenn Sie diese kleine bildhafte Fantasiegeschichte konzentriert vor Ihrem inneren Auge mitverfolgt haben, brauchen Sie jetzt nur an den ersten Begriff zu denken („Elektroherd") – und sofort werden Ihnen die anderen Gegenstände auch wieder einfallen. Versuchen Sie es einmal!

Warum konnten Sie sich diese Reihe nun viel leichter merken?

Dafür gibt es eine ganze Reihe von Gründen. Grundsätzlich gelten folgende Kriterien:

- Konkretes lässt sich leichter einprägen als Abstraktes,
- Absurdes, Lustiges leichter als Banales und Alltägliches,
- Bewegtes, Lebendiges leichter als Unbewegliches,
- Buntes leichter als Farbloses,
- Lautes leichter als Leises.

Deshalb dürfen und sollen Sie sogar die tatsächlichen Gegebenheiten in Ihrer Fantasie übertreiben – je mehr Sie übertreiben, umso besser werden Sie alles im Gedächtnis behalten können!

Übung: Wortpaare einprägen

Nun sind Sie an der Reihe! Lassen Sie anhand dieser Kriterien selbst kleine Szenen entstehen und prägen Sie sich die zusammengehörigen Wortpaare ein. Versuchen Sie die Begriffe auf möglichst originelle Art zu verknüpfen. Nehmen Sie sich dafür maximal zwei Minuten Zeit.

- Besen und Tal
- Schreibmaschine und Butter
- Kirsche und Matrose
- Uhr und Papier
- Fußball und Baum

Ihre Fantasie hat hier freien Spielraum; keine Idee kann zu absurd, zu ausgefallen sein, um nicht ihren Zweck zu erfüllen! Jonglieren Sie mit Ihren Vorstellungen, kreieren Sie Neues, Ungewöhnliches. Was Sie hier tun, geht über das rein „fotografische Gedächtnis" hinaus. Sie betätigen sich gewissermaßen als Regisseur eines inneren Films, den Sie nach Herzenslust ausgestalten dürfen.

Testen Sie nun, wie viele Wortpaare Sie noch richtig in Erinnerung haben, indem Sie den jeweils fehlenden Begriff ergänzen:

Papier   –   _____

Besen   –   _____

Fußball   –   _____

Butter   –   _____

Kirsche   –   _____

Haben Sie alle fünf Paare richtig gewusst? Dann dürfen Sie sich jetzt an den folgenden Dreiergruppen versuchen.

Übung: Dreiergruppen

Verknüpfen Sie die folgenden Wortgruppen (jede Dreiergruppe für sich) zu kleinen Handlungsketten. Dafür sollten Ihnen drei bis vier Minuten reichen.

- Rasenmäher – Terminkalender – Federbett
- Tintenpatrone – Kleiderbügel – Schreibmaschine
- Teppichboden – Telefon – Diaprojektor
- Laserdrucker – Hängematte – Autowerkstatt
- Eimer – Zahnpasta – Krokodil

Die erste Verknüpfung geben wir Ihnen noch einmal vor, den Rest überlassen wir Ihrer Fantasie.

Beispiel: Unser Vorschlag für eine Handlungskette

 Sie fahren mit dem **Rasenmäher** durch den Garten, als plötzlich Ihr **Terminkalender** in Übergröße durch die Luft schwebt und Ihnen die Sicht auf die Wiese nimmt. Sie stolpern und fallen auf den Rasenmäher, der sich in diesem Moment in ein riesiges kuscheliges **Federbett** verwandelt …

Machen Sie die weiteren Begriffskopplungen nun selbst und überprüfen Sie anschließend, ob Sie diese Dreiergruppen auch wieder korrekt abrufen können!

Tipps und Tricks zum Üben

Wenn Sie sich in Ihrer Fantasie einen inneren Film gestalten, dann denken Sie dabei an die folgenden Ratschläge:

- Bringen Sie so viel Bewegung wie möglich in Ihre Bilder hinein; lassen Sie Ihre Gegenstände handeln!

- Oftmals ist es hilfreich, wenn auch Sie selbst eine „Rolle" in Ihrem inneren Film spielen!

- Sie dürfen Größe und Form der Gegenstände übertreiben, ebenso die Anzahl oder Menge.

- Vergessen Sie die „Logik"! In Ihrer Fantasie können die Dinge ungewöhnlich handeln und völlig neue Funktionen erfüllen. Stellen Sie sich ruhig auch absurde Situationen vor!

- Gestalten Sie den inneren Film mit klaren, bunten Farben, und versuchen Sie, die Handlungsabläufe so plastisch und lebendig wie möglich vor Ihrem inneren Auge entstehen zu lassen!

Wir zeigen Ihnen nun anhand verschiedener Verknüpfungen eines Wortpaares, wie Sie diese Tipps in die Praxis umsetzen können. Nehmen wir an, Sie wollen sich die folgenden zwei Begriffe merken: „Lokführer und Lineal"

Beispiele

Bewegung
Der Lokführer will im Bericht etwas unterstreichen, doch das Lineal rennt ihm blitzschnell davon.

Sie spielen mit!
Sie fragen den Lokführer gerade nach der Abfahrtszeit, als plötzlich ein großes Lineal durch die Luft fliegt und haarscharf an Ihrer Nase vorbeisaust.

Anzahl, Form
Der Lokführer hat die Taschen seines Arbeitsoveralls vollgestopft mit unzähligen krummgebogenen Linealen.

Absurdität

Der Lokführer hat Pause und spielt mit seinem mannsgroßen Lineal eine Partie Schach.

Farbe, klare, plastische Handlung

Der Lokführer im azurblauen Arbeitsoverall und sein knallrotes Lineal gehen Hand in Hand wie ein Liebespaar über eine leuchtend grüne Wiese spazieren.

Mit diesen Anregungen können Sie sich immer mehr Punkte immer leichter einprägen! Versuchen Sie es gleich einmal mit den folgenden Begriffen.

Übung: Vier Begriffe verbinden

Prägen Sie sich (in maximal fünf Minuten) diese Viierergruppen ein:

- Projektleiter – Büroklammer – Schreibtisch – Fahrstuhl
- Tonerde – Parmesan – Filzstifte – Türklinke
- Briefumschlag – Gärtner – Tretroller – Tischtennisball
- Rose – Buch – Fenster – Armband
- Foto – Diskette – Seife – Gürtel
- Faxgerät – Nagellack – Steuerfahnder – Weisheitszahn

Sicherlich stellen Sie inzwischen schon fest, dass Ihnen diese Art des kreativen Bilderdenkens immer vertrauter wird, dass sich die kleinen Szenen und Geschehnisse fast schon wie von selbst in Ihrer Fantasie einfinden.

Denken Sie daran: In Ihrer Fantasie ist alles erlaubt, alles möglich!

Beispiel

 Der **Projektleiter** tanzt mit einer riesigen silberglänzenden **Büroklammer** im Büro herum. Plötzlich packt sie ihn, steckt ihn unter lautem Gejohle in die **Schreibtisch**schublade und schiebt diesen samt Projektleiter in den **Fahrstuhl** …

Kreieren Sie nun auf Ihrer inneren Leinwand mit den weiteren Wortgruppen ähnlich kuriose Szenen und stellen Sie sich jede kleinste Handlung so deutlich und lebendig wie möglich vor! Lassen Sie sich dabei nicht zu sehr von unseren Ideen beeinflussen.

> Ihre eigene Fantasie ist der Maßstab für Ihre inneren Filme!

Überprüfen Sie anschließend, ob Sie die Vierergruppen tatsächlich exakt wiedergeben können: Notieren Sie den jeweils ersten Begriff in Ihr Arbeitsheft (Projektleiter – Tonerde – Briefumschlag – Rose – Foto – Faxgerät) und dann ergänzen Sie die fehlenden Wörter, natürlich ohne dabei ins Buch zu schauen.

Der zweite Schritt: Sich längere Listen einprägen

Sie haben die vorige Übung zu Ihrer Zufriedenheit bewältigt – jetzt versuchen Sie als Nächstes, eine Verbindung zwischen den einzelnen Wortgruppen herzustellen, indem Sie einfach alle Begriffe „hintereinanderschalten".

Übung: 24 Begriffe behalten

Sie verknüpfen zusätzlich Fahrstuhl mit Tonerde, Türklinke mit Briefumschlag, Tischtennisball mit Rose und so weiter. Auf diese Art erhalten Sie eine lange Kette von fantasievoll miteinander verbundenen Begriffen – die Sie sicherlich auch in der richtigen Reihenfolge wiedergeben können!

Kreieren Sie also nun in Ihrer Vorstellung die noch fehlenden Kettenglieder:

- Fahrstuhl – Tonerde
- Türklinke – Briefumschlag
- Tischtennisball – Rose
- Armband – Foto
- Gürtel – Faxgerät

Und dann versuchen Sie es einfach: Da war anfangs der Projektleiter, die Büroklammer, der Schreibtisch …

Wenn Sie an dieser Stelle alle sechs Wortgruppen komplett aufzählen können, dann dürfen Sie wirklich stolz auf sich sein: Sie haben sich bereits 24 Begriffe zuverlässig eingeprägt!

Übung: Noch mal die Einkaufsliste

Und nun ist auch die anfangs präsentierte Einkaufsliste sicherlich kein Problem mehr für Sie. Verknüpfen Sie zum Spaß noch einmal die folgenden Posten in einer kreativen Handlungskette:

Fischstäbchen – Toilettenpapier – Zitronenlimonade – Zahnpasta – Streichkäse – Äpfel – Feldsalat – Mayonnaise – Butter – Eier

Inzwischen haben Sie die grundlegende Idee der Geisselhart-Methode sicherlich verstanden. Mit diesen Anregungen werden Sie sich in Kürze noch viel mehr dauerhaft merken können – lassen Sie sich überraschen!

Beispiel: Unser Vorschlag für die Einkaufsliste

Die **Fischstäbchen** satteln sich einige Rollen **Toilettenpapier** und reiten darauf übermütig durch die Luft. Plötzlich stoßen sie mit einer ebenfalls fliegenden Dreiliterflasche **Zitronenlimonade** zusammen und stürzen ab. Zum Glück landen sie weich auf einer überdimensionalen Tube giftgrüner **Zahnpasta**. Diese platzt auf und verteilt sich in der Umgebung, doch da sie angenehm nach **Streichkäse** riecht, ist das gar nicht schlimm. Die Fischstäbchen holen einen großen **Apfel** aus der Tasche und schneiden ihn auf. Im Innern wächst büschelweise **Feldsalat**, den sie pflücken, mit goldglänzender **Mayonnaise** bestreichen und dann in einer Pfanne mit heißer **Butter** schwenken. Zum Schluss werfen sie noch ein paar **Eier** samt Schale in die Pfanne und rühren das Ganze kräftig um ...

Mit Fantasie den Überblick behalten

Zwei Faktoren sind es, die den Erfolg im Gedächtnistraining maßgeblich beeinflussen: die Konzentration, mit der Sie üben, und die Regelmäßigkeit. Vielleicht haben Sie bereits festgestellt, dass Sie mit der Konzentration keine Schwierigkeiten haben, solange die Beispiele und Fantasiegeschichten spannend und originell genug sind. Und dieser Faktor liegt ja, ebenso wie das regelmäßige Training, ganz in Ihrer Hand: Mit ein bisschen Unterstützung für Ihre inneren Bilder werden Sie schon bald eine bisher ungeahnte Flexibilität in Ihren Fantasievorstellungen und entsprechend auch in Ihren Gedächtnisleistungen entwickeln!

Wie können Sie Ihre Fantasie trainieren?

Es gibt zahlreiche Möglichkeiten, das Vorstellungsvermögen gezielt zu unterstützen. Dazu gehören ganz einfache Übungen wie z. B. die folgenden:

- Sie schließen die Augen und stellen sich eine weiße Leinwand vor, auf der ein großer imaginärer Pinsel die Farbe Rot (später Blau, Gelb und so weiter) aufträgt. Wenn Sie sich dieses einfache Bild immer wieder einmal vorstellen, wird es von Mal zu Mal deutlicher und schneller vor Ihrem inneren Auge entstehen.

- Genehmigen Sie sich ab und zu einen angenehmen Tagtraum: Sie versetzen sich in Gedanken an einen schönen Ort, z. B. an einen Badestrand oder in einen blühenden Garten, und malen sich die Szenerie in allen Details aus.

- Betrachten Sie einen beliebigen Ausschnitt aus Ihrer Umgebung so genau wie möglich, schließen Sie dann die Augen und malen Sie in Ihrer Vorstellung ein detailgetreues Bild nach.

Versuchen Sie bei diesen Vorschlägen alles so plastisch wie möglich zu sehen. Je schärfer Ihr Blick für die Kleinigkeiten wird, umso schneller und exakter werden die Fantasiebilder vor Ihrem inneren Auge entstehen, die Sie für Ihre Verknüpfungen beim Gedächtnistraining brauchen!

Übung: Die To-do-Liste im Kopf

Versuchen Sie nun sich einige Erledigungen einzuprägen, die Sie in den nächsten Tagen nicht vergessen dürfen:

- Sie müssen einen wichtigen Vertrag unterschreiben und zurückschicken,
- die Geburtstagsfeier für Ihre Schwiegermutter organisieren,
- in der Autowerkstatt einen Termin für eine Inspektion ausmachen.
- Außerdem sind die Formulare für Ihr Büro fertig und müssen in der Druckerei abgeholt werden
- und Sie haben Ihrem Sohn versprochen, dass Sie zum Elternabend in seiner Schule gehen.
- Ihr Dienstwagen muss dringend gewaschen und vor allem vollgetankt werden
- und schließlich wollten Sie Ihrer Frau einen wunderschönen Blumenstrauß zum Jahrestag Ihres Kennenlernens mitbringen.

Wenn Sie diese Erledigungen zunächst auf jeweils ein Schlagwort reduzieren (Vertrag, Geburtstag, Werkstatt, . . .), wird es Ihnen bestimmt nicht schwerfallen, fantasievolle Verknüpfungen herzustellen und sich alle sieben Punkte zuverlässig zu merken.

Denken Sie daran: Die erste spontane Assoziation, die Ihnen einfällt, ist meistens die beste!

Welche Vorteile haben Bilder?

Vielleicht ist es Ihnen schon einmal aufgefallen, dass Bilder häufig sehr viel einprägsamer wirken und in vielen Situationen mehr Informationen vermitteln als „nüchterne" Worte. Nicht von ungefähr meint ja auch der Volksmund: „Ein Bild sagt mehr als tausend Worte."

Beispiel

 Stellen Sie sich einmal vor, Sie haben in der Rubrik „Partnersuche" annonciert und öffnen jetzt Ihre Zuschriften:

Im ersten Brief finden Sie eine ausführliche Beschreibung: „... Ich bin 1,80 groß und wiege 70 Kilo. Meine Augen sind braun, die Haare dunkelblond, und ich trage sie gerne etwas länger als andere. Ich habe ein fröhliches Wesen, bin sportlich und gehe gerne tanzen ..."

Im zweiten Brief liegt nur eine kurze Nachricht und ein Foto, auf dem der Absender zu sehen ist; fröhlich lachend läuft er an einem Strand entlang.

Mit großer Wahrscheinlichkeit wird Sie das Foto mehr ansprechen: Sie erkennen auf einen Blick, wie der Absender aussieht, Sie erfassen mehr Details in kürzerer Zeit als bei der verbalen Beschreibung.

So können auch Sie in einem Bild viele verschiedene Einzelheiten abspeichern. Wenn Sie sich z. B. komplexere Sachverhalte einprägen wollen, genügt auch hier wieder jeweils ein einziges Bild als Informationsträger, das Sie sich kurz und konzentriert auf Ihrer inneren Leinwand vorstellen.

Übung: Sätze im Gedächtnis behalten

Prägen Sie sich die folgenden Sätze so ein, dass Sie sie anschließend sinngemäß wiedergeben können. Lesen Sie sie zweimal gründlich durch und reduzieren Sie beim zweiten Lesen die Information auf ein oder zwei Worte, die Sie sich dann stellvertretend für den ganzen Satz merken und in einer lustigen Handlungskette miteinander verbinden.

- Das Meer ist an dieser Stelle fünf Meter tief.
- Die neue Limonadensorte kommt bei den Kunden hervorragend an.
- Die Rindfleischpreise in Südafrika sind in den letzten Monaten konsequent gestiegen.
- Das Surfen auf dem Baggersee macht bei Ostwind am meisten Spaß.
- Der Leiter der Werbeabteilung hat seit letzter Woche einen anderen Dienstwagen.
- Die neue Telefonanlage funktioniert immer noch nicht.
- Das städtische Planungsamt verhindert den Ausbau des Firmenparkplatzes.

Wichtig ist bei dieser Art von Gedächtnistraining auch, dass Sie sich nicht selbst unter Leistungsdruck setzen: Ihre spontanen Assoziationen sind genau die richtigen – weil es Ihre eigenen sind.

Mit ein wenig Konzentration und lebhaften Fantasiebildern sind diese sieben Sätze sicherlich kein Problem mehr für Sie.

Denken Sie daran, dass die Akteure in Ihrem inneren Film möglichst lebendig und aktiv dargestellt werden!

Können Sie sich erinnern? Mit dem Meer ging es los ...

Wie Sie sich auch abstrakte Begriffe merken

Grundsätzlich lassen sie sich natürlich genauso merken wie konkrete Gegenstände oder Erledigungen. Nur ist die Vorarbeit ein wenig aufwendiger: Sie müssen den Begriff nämlich in irgendeiner Form mit etwas Konkretem in Verbindung bringen, das Sie dann ersatzweise in Ihrer Fantasiegeschichte bildhaft darstellen können.

Beispiel

 Sie wollen sich den Begriff „Motivation" einprägen. Wodurch lassen Sie sich motivieren, etwas zu tun? Das könnte z. B. der Anreiz einer Gehaltserhöhung sein – also stellen Sie sich konkret vor, dass auf Ihrem nächsten Gehaltszettel höhere Zahlen stehen, die in buntem Fettdruck und mit einer besonders schönen Schrift hervorgehoben sind ...

Wagen Sie sich nun selbst an eine kleine Liste mit abstrakten Bezeichnungen und setzen Sie Ihre ganze Konzentration und Fantasie dafür ein.

Übung: Abstrakte Begriffe

„Übersetzen" Sie die folgenden Begriffe in fantasievolle konkrete Bilder, die Sie sich dann ersatzweise einprägen. Dafür haben Sie zwei Minuten Zeit.

- Bruttosozialprodukt
- Ehre
- Begabung
- Seele
- Verlust

Wenn Sie sich diese fünf Begriffe einprägen können, haben Sie schon sehr viel gelernt: Der Schritt vom Konkreten zum Abstrakten ist bereits eine Aufgabe für geübte Gedächtnisspezialisten. Mit dem bildhaften Umsetzen und Abspeichern von Handlungsketten ist auf jeden Fall schon einmal eine große Vereinfachung vollzogen. Sie erlaubt es Ihnen, größere Mengen von einzelnen Punkten verschiedenster Art durch jeweils spezifische Verknüpfungen (man könnte sie auch als „Eselsbrücken" bezeichnen) dauerhaft und zuverlässig im Gedächtnis zu behalten.

Mit Zahlensymbolen trainieren

Die tägliche Informationsflut können wir unmöglich als Gesamtheit im Kopf behalten; unser Gehirn muss also eine Selektion vornehmen. Nach welchen Kriterien suchen wir uns nun das aus, was für uns persönlich von Bedeutung ist? Was wird im Gedächtnis abgespeichert und was nicht? Und wie kommt es, dass manche Informationen auch nach Jahren noch präsent und spontan abrufbar sind, andere dagegen manchmal schon nach Stunden vergessen zu sein scheinen?

In diesem Kapitel erfahren Sie wie Sie

- Informationen mithilfe von Zahlen im Langzeitgedächtnis verankern (S. 30),
- sich lange Listen mit Zahlensymbolen einprägen (S. 36),
- mehr Zahlen benutzen, um sich noch mehr merken zu können (S. 42) und
- Informationen flexibel abrufen (S. 47).

Nutzen Sie Ihr Langzeitgedächtnis

Wenn Sie einmal überlegen, welche Dinge Sie besonders leicht im Gedächtnis behalten, dann werden Ihnen die folgenden Aspekte auffallen:

Sie merken sich etwas ohne große Mühe, wenn

- es Ihnen besonders am Herzen liegt oder sehr wichtig ist,
- Sie es als besonders schön oder beeindruckend erleben,
- es sich um etwas Seltsames, Ungewohntes, Außergewöhnliches, auf irgend eine Weise aus dem Rahmen Fallendes handelt.

Einprägsames bleibt länger haften

Diese Dinge bleiben im Kurzzeitgedächtnis leicht haften und wenn Sie sich dann intensiv mit ihnen beschäftigen oder sie aus irgendwelchen Gründen vertiefen, werden sie ins Langzeitgedächtnis verlagert und stehen dort entsprechend für längere Zeit abrufbar zur Verfügung. So können Sie sich sicherlich noch ganz leicht an einen schönen Tag aus Ihrem letzten Urlaub erinnern, während Ihnen die Französisch-Vokabeln, die Sie für Ihre nächste Geschäftsreise lernen sollten, deutlich mehr Mühe bereiten.

Hinzu kommt noch, dass das Kurzzeitgedächtnis, im Gegensatz zum Langzeitgedächtnis, nur eine begrenzte Aufnahmekapazität hat. Deshalb ist es von Vorteil, die Daten und Informationen, die Sie sich für längere Zeit merken wollen, so schnell wie möglich im Langzeitgedächtnis abzuspeichern.

Sie können das, was Sie sich einprägen wollen, mithilfe Ihrer lebhaften Fantasie zu kleinen Szenen ausschmücken und als außergewöhnliche und besondere Geschehnisse im Gedächtnis behalten. Doch wir wollen noch einen Schritt weiter gehen: Wir verbinden Informationen, die wir uns neu einprägen wollen, mit Informationen, die schon fest im Langzeitgedächtnis verankert sind! Solche fest verankerten Informationen sind etwa die Buchstaben unseres Alphabets oder Zahlen – Letztere wollen wir uns hier zu Nutze machen.

Abspeichern mit System: zehn Zahlensymbole

Auf der folgenden Seite sind zehn Zahlensymbole dargestellt, die im Grunde für sich sprechen: Jedes Bild wird schlüssig und einprägsam mit der zugehörigen Zahl verbunden und umgekehrt. Die Zahlen von eins bis zehn sind ja unwiderruflich in Ihrem Langzeitgedächtnis verankert. Und wenn Sie die zugehörigen Bildsymbole beherrschen, kann dem kontinuierlichen Ausbau Ihrer Merkfähigkeit nichts mehr im Wege stehen!

Wie Sie sich die Zahlensymbole von eins bis zehn merken können

Diese Bilder haben alle einen direkten Bezug zu den jeweils zugeordneten Zahlenwerten. Betrachten Sie die einzelnen Symbole genau und vollziehen Sie die jeweilige Zuordnung in Ihrer Fantasie so intensiv wie möglich nach.

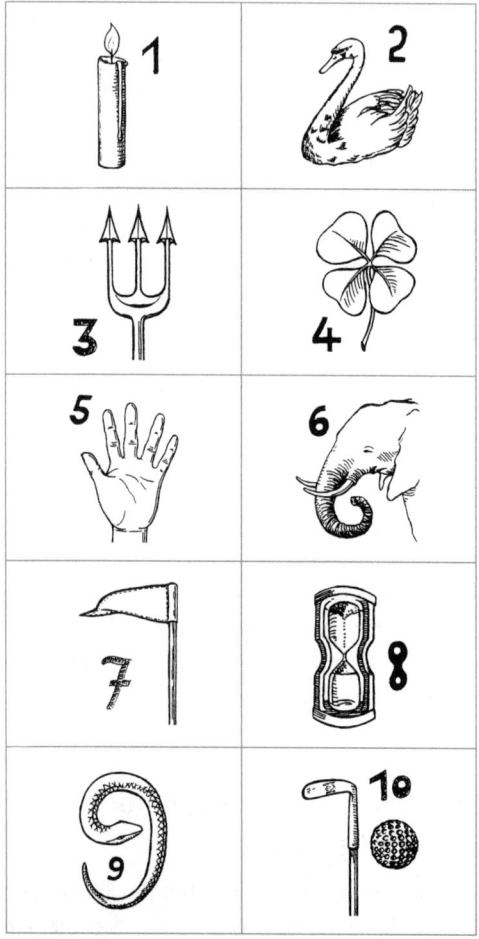

Illustration aus: „Das perfekte Gedächtnis" / Roland R. Geisselhart, Marion
Zerbst, Copyright (©) 1989 Orell Füssli Verlag, Zürich

1   Das Bild für die Zahl eins entspricht von der Form her auch dem Zahlenwert: Für die Eins steht eine Kerze.

2   Ebenso erinnert der Schwanenhals spontan an eine Zwei.

3   Der Dreizack mit seinen drei Zacken ist unmittelbar einleuchtend

4   und genauso sprechen das vierblättrige Kleeblatt

5   und die fünf Finger einer Hand für sich.

6   Der Elefantenrüssel bildet eine deutlich erkennbare Sechs

7   und mit ein wenig Fantasie erkennen Sie in der Fahne eine Sieben.

8   Die Sanduhr hat die Form einer Acht.

9   Die Schlange krümmt sich zur Neun.

10 Ball und Golfschläger ergänzen sich zur Zehn.

Übung: Die Zahlensymbole

Prägen Sie sich die Symbole bis hierher erst einmal ein. Betrachten Sie dazu aufmerksam die Zahlen und die jeweiligen Symbolbilder, und wiederholen Sie diese Kombinationen so oft in Ihrem Gedächtnis, bis Sie sie schließlich vorwärts und rückwärts beherrschen.

Diese Aufgabe ist die wichtigste im ganzen Buch!

Wenn Sie die Zahlensymbole gründlich kennen, können Sie sich damit alles merken, was Sie sich überhaupt vorstellen können! Das funktioniert ganz einfach: Sie haben ja bereits Zweierkopplungen und weitere intensive bildhafte Verbindungen geübt und kennen sich inzwischen ganz gut aus, was diese kreativen Fantasiebilder angeht. Hier kommt es nun darauf an, die Begriffe, die Sie sich merken wollen, mit den fest abgespeicherten Symbolbildern zu verbinden.

Dazu betrachten wir noch einmal die Einkaufsliste vom vorigen Kapitel: Fischstäbchen – Toilettenpapier – Zitronenlimonade – Zahnpasta ...

Und jetzt verknüpfen wir die einzelnen Posten nicht mehr als Reihe untereinander, sondern jeweils mit einem der Symbole. Das bedeutet konkret, wir ordnen folgendermaßen zu:

- Fischstäbchen – Kerze
- Toilettenpapier – Schwan
- Zitronenlimonade – Dreizack

Beispiel: Unser Vorschlag für die neue Einkaufsliste

 Die **Fischstäbchen** tanzen um eine sehr große und sehr heiße **Kerze** herum und bräunen sich dabei den Bauch.

Ein stolzer **Schwan** hat sich rettungslos in eine Rolle **Toilettenpapier** verstrickt und versucht jetzt trotzdem, damit in die Luft zu gehen.

Mit seinem **Dreizack** holt Neptun eine Kiste gut gekühlte **Zitronenlimonade** aus dem Meer.

Und mit der **Zahnpasta** können Sie schöne Muster auf all die großen vierblättrigen **Kleeblätter** malen, die Sie im Wald finden ...

Den **Streichkäse** streichen Sie sich aus Versehen auf die **Hand** statt auf das Brot – zum Glück merken Sie es noch, bevor Sie hineinbeißen!

Sie sehen, wie gut diese Methode funktioniert: Sie bilden einfach lauter Zweierverknüpfungen, genau so, wie Sie es zuvor schon geübt haben.

Übung: Verknüpfen mit den Symbolen

Nun dürfen Sie die restlichen Einkaufsposten selbst mit den weiteren Symbolen verbinden: Erfinden Sie lustige kleine Szenen für:

- Äpfel und Elefant
- Feldsalat und Fahne
- Mayonnaise und Eieruhr
- Butter und Schlange
- Eier und Golf

Achten Sie auch hier wieder darauf, dass Ihre inneren Bilder lebendig, bewegt und möglichst bunt sind. Anschließend überprüfen Sie, ob Sie zum einen noch alle Zahlensymbole wissen, zum anderen auch den jeweils passenden Artikel Ihrer Einkaufsliste dazu erinnern.

Übung: Noch eine Liste – „Bürozubehör"

Prägen Sie sich mithilfe der Zahlensymbole die folgenden zehn Posten gut ein

1   Papier für den Kopierer
2   Klarsichthüllen
3   Briefumschläge
4   Faxrollen

5   leere Disketten

6   Büroklammern

7   neue Terminkalender

8   Tesafilm

9   ein neues Mouse-Pad

10 Patronen für den Farbdrucker

> Je kontinuierlicher Sie üben, umso eher wird Ihnen diese Technik zur Selbstverständlichkeit. Ihre Fantasie hat keine Grenzen – und auch Ihr Gedächtnis lässt sich immer weiter ausbauen, je mehr es gefordert wird. Darum bleiben Sie am Ball!

Listen, Listen, Listen – und noch viel mehr

Mit den Zahlensymbolen können Sie sich alles einprägen, was sich in irgendeiner Form auflisten lässt:

- Erledigungslisten
- Termine
- Schlagzeilen einer wichtigen Nachrichtensendung
- Headlines einer Tageszeitung
- Überschriften von Buchkapiteln oder Zeitungsartikeln
- grundlegende Thesen eines Vortrags
- Bestsellerlisten, Hitparaden, Fernsehprogramm
- Namen (z. B. bei einer Konferenz)

usw.

Übung: Alles erledigt?

Stellen Sie sich vor, Sie dürfen an Ihrem nächsten Arbeitstag die folgenden Erledigungen auf keinen Fall vergessen:

1 für den Geburtstag Ihrer Sekretärin einen Blumenstrauß besorgen,

2 den Termin mit dem Vertreter für Bürogeräte auf einen anderen Tag verschieben,

3 den Kopierer zur Reparatur bringen,

4 die Unterlagen für die Konferenz mit dem Kollegen durchsprechen,

5 eine offizielle Begrüßungsansprache für die neuen Lehrlinge halten,

6 die Organisation des jährlichen Betriebsausflugs endlich in Angriff nehmen,

7 den Hausmeister bitten, die defekte Glühbirne im Fahrstuhl auszuwechseln,

8 den Personaleinsatzplan der letzten Woche kontrollieren,

9 einen Tisch für ein Geschäftsessen reservieren lassen,

10 Ihren Chef um einen Besprechungstermin bitten.

Welche lustigen Assoziationen (= Gedankenverbindungen) sind Ihnen diesmal eingefallen? Natürlich dürfen Sie diese Liste auch abwandeln und einzelne Punkte ersetzen durch aktuelle Erledigungen aus Ihrem eigenen Berufsalltag. Wichtig ist nur, dass Sie üben und dass Sie konkrete Beispiele aus dem Alltag verwenden, denn dabei werden Ihr persönlicher Nutzen und Ihre Fortschritte am schnellsten ersichtlich.

Als Anregung möchten wir Ihnen noch einmal unsere Ideen aufzeigen. Das soll allerdings nicht heißen, dass sie besser oder plausibler sind als Ihre eigenen Gedanken, im Gegenteil: Ihre eigenen Assoziationen sind für Ihr Gedächtnis immer die besten!

Beispiel: So wird alles erledigt

Auf dem bunten **Blumenstrauß** steckt oben eine leuchtend rote, stark tropfende **Kerze** darauf, und das heiße Wachs läuft Ihnen auf den schönen weißen Hemdsärmel.

Den **Vertreter** schicken Sie in den Stadtpark, **Schwäne** füttern – soll er doch denen seine Bürogeräte vorführen!

Der **Kopierer** kleckst stark, sodass Sie ihn sicherheitshalber auf einen **Dreizack** gespießt zum Auto balancieren, um sich nicht noch mehr schmutzig zu machen.

Der Kollege findet Ihre vorbereiteten **Konferenzunterlagen** gut und klebt als Zeichen für seine Genehmigung ein großes **Kleeblatt** auf die erste Seite.

Sie sehen sich in Ihrer Vorstellung bei der **Ansprache** jeden einzelnen Lehrling mit **Hand**schlag begrüßen.

Sie möchten beim **Betriebsausflug** Ihren Kollegen auf jeden Fall einen Ritt auf einem Zirkus**elefanten** anbieten.

Wenn die **Glühbirne** endlich ersetzt ist, soll der Hausmeister als Zeichen die große rote **Fahne** vor dem Aufzug hissen.

Seit die Stempeluhr durch eine meterhohe **Eieruhr** ersetzt wurde, haben Sie das Gefühl, dass das **Personal** ganz nach Lust und Laune zur Arbeit kommt und wieder geht …

In der Stadt gibt es ein neues exotisches **Restaurant**, in dem, so heißt es, blaue und grüne **Schlangen** frei herumkriechen dürfen – bevor sie dann zubereitet und verspeist werden …

Ihr **Chef** ist ein vielbeschäftigter Mann – vielleicht sollten Sie ihn zu einer Partie **Golf** einladen, damit er Ihnen dort einmal zehn Minuten lang zuhört?

Die Sinnverknüpfung ist wichtig!

Sie haben sicherlich bemerkt, dass es nicht immer auf den exakten Wortlaut ankommt – es genügt, wenn Sie sich an den zu merkenden Sachverhalt sinngemäß erinnern können! Die Details fallen Ihnen dann von selbst wieder ein. So denken Sie z. B. an die Kerze – dazu fällt Ihnen der Blumenstrauß wieder ein, in dem sie (tropfend) steckt – und schon erinnern Sie sich: Ihre Sekretärin hat Geburtstag! Ebenso sehen Sie die Schwäne vor sich, wie sie eben gefüttert werden – von dem Vertreter, den Sie auf den nächsten Tag vertrösten mussten ...

Falls Sie bei der Kontrolle merken, dass noch nicht alle Punkte zu Ihrer Zufriedenheit verankert sind, dann wiederholen Sie das Verknüpfungsbild in Ihrer Vorstellung: Lassen Sie es noch einmal vor Ihrem inneren Auge entstehen oder ablaufen; fügen Sie noch etwas mehr an Farbe, Bewegung und Absurdität hinzu, und Sie werden sehen: Diesmal ist der zugehörige Begriff zuverlässig abgespeichert!

Übung: Bestseller merken

Verknüpfen Sie (in maximal drei Minuten) die Symbolbilder mit je einem der folgenden Buchtitel:

1   Der Pferdeflüsterer

2   Emotionale Intelligenz

3   Das perfekte Gedächtnis

4   Kreativitätstechniken

5   Der Traumfänger

6 Vom richtigen Zeitpunkt

7 Nieten in Nadelstreifen

8 Stroh im Kopf

9 Die Wolfsfrau

10 Erfolg kennt keine Grenzen

Mithilfe Ihrer Fantasie werden Ihnen sicher passende Bilder einfallen, mit denen Sie auch theoretische Begriffe wie „Gedächtnis" und „Erfolg" in eine konkrete Handlung umwandeln und dann mit den jeweils zugehörigen Symbolen (Dreizack, Golf) verbinden können. Überprüfen Sie anschließend, möglichst ohne dabei ins Buch zu schauen, ob Sie alle zehn Buchtitel wiedergeben können.

Wie Sie sich mehrere Listen einprägen

Sie werden sich inzwischen vielleicht fragen, ob das nicht verwirrend ist, wenn Sie sich mit ein und denselben Symbolen so verschiedenartige Listen einprägen. Dazu kurz folgende Erläuterung:

Solange Sie die Symbole nicht unmittelbar hintereinander mit unterschiedlichen Begriffen belegen, werden Sie nicht in Bedrängnis geraten, und Ihr Gehirn kann den jeweiligen Kontext noch klar zuordnen. Und für den Fall, dass Sie die Symbole tatsächlich kurz hintereinander für verschiedene Einsatzzwecke heranziehen wollen, gibt es einen einfachen Trick: Sie stellen sich die Zahlensymbole in verschiedenen Farben vor, z. B. für die erste Gruppe von Begriffen in leuchtendem Rot, für die zweite Gruppe in Dunkelgrün.

Falls Sie vorhin bei den Verknüpfungen Schwierigkeiten hatten, hier noch ein paar Ideen zur Bestsellerliste:

Beispiel: Unsere Bestseller

Der **„Pferdeflüsterer"** unterhält sich leise und natürlich bei romantischem **Kerzen**schein mit dem kranken Pferd.

Ein stolzer **Schwan** zieht majestätisch seine Kreise auf dem See – und trägt dabei ein großes Transparent, auf dem steht, was er symbolisieren soll, nämlich **„Emotionale Intelligenz"**.

Ein **„Perfektes Gedächtnis"** erreichen Sie durch konsequentes Trainieren und damit Sie das auch tun, stellen Sie sich vor, jemand (die Autoren?) treibt Sie mit dem **Dreizack** zum Üben an!

Auf wie viele verschiedene Arten kann man ein **Kleeblatt** darstellen? Lassen Sie Ihre **Kreativität** fließen: Sie können es malen, im Wald pflücken, aus Papier ausschneiden, aus Ton gestalten und so weiter …

Versuchen Sie einmal, Ihre **Träume**, die wie bunte Seidentücher quirlig durch die Luft fliegen und Ihnen die klare Sicht vernebeln, mit bloßen **Händen** einzufangen!

Mit dieser Anregung können Sie nun die restlichen Verknüpfungen (falls nicht schon geschehen) selbst herstellen.

Es ist übrigens beim Verknüpfen nicht wichtig, ob in Ihrer Fantasiegeschichte das Symbol zuerst auftaucht oder der zu merkende Begriff, denn durch die Verknüpfung werden beide ja eng miteinander verbunden. Und wenn Sie später an die Symbole denken, z. B. an den Dreizack, dann fällt Ihnen sofort wieder ein, was Sie damit assoziiert haben, nämlich …?

Übung: Test

Testen Sie doch gleich einmal, ob Ihnen sowohl das Buch wieder einfällt als auch die Erledigung am Arbeitsplatz:

Dreizack – Bestseller: _____

Dreizack – Erledigung: _____

Gerne dürfen Sie diese Übung auf die ersten zehn Symbole ausweiten und versuchen, sich an jeweils beide Begriffe zu erinnern, die Sie sich zuvor in den Listen „Erledigung" und „Bestseller" eingeprägt haben.

Wenn Sie mehrfach beide Begriffe spontan erinnern konnten, dürfen wir Ihnen gratulieren: Sie haben bislang konsequent geübt und Ihre Gedächtnisleistung bereits um etwa 20 Prozent verbessert!

Sich noch mehr merken und schneller werden

Wie Sie sich auch 20 Dinge spielend einprägen können

Damit Sie für Ihre Gedächtnisleistungen nun einen noch größeren Spielraum bekommen, stellen wir Ihnen zehn weitere Zahlensymbole vor, nämlich die von 11 bis 20. Hier benötigen Sie schon ein wenig mehr Fantasie, um die Symbolbilder als solche zu erkennen und zuzuordnen.

Übung: Weitere Symbole

Speichern Sie auch diese Symbole von 11 bis 20 gründlich in Ihrem Gedächtnis ab, sodass Sie anschließend die komplette Reihe von 1 bis 20 vorwärts und rückwärts beherrschen.

Illustration aus: „Das perfekte Gedächtnis" / Roland R. Geisselhart, Marion Zerbst, Copyright (©) 1989 Orell Füssli Verlag, Zürich

11 Das Symbol für die 11 bilden die beiden Spaghetti an der Gabel.

12 Der Wecker hat zwölf Ziffern, steht auf zwölf Uhr und vertritt die 12.

13 Der Schwanz der Katze zeigt die 1, der gekrümmte Rücken die 3.

14 Der gerade Blitz steht für die 1, der gezackte für die 4.

15 Mit etwas Fantasie erkennen Sie in der linken Wand der Aufzugskabine die 1, in der gekrümmten Haltung des Mannes die 5.

16 Die Angelrute formt eine 1, der Haken eine 6.

17 Die Kanten des Geodreiecks sehen aus wie eine 1 und eine 7.

18 Die linke Seite des Häuschens ist die 1, das doppelte Loch die 8.

19 Schnur und Ballon an der Schnur formen die 1 und die 9.

20 Die gebogenen Kufen sehen aus wie eine 2, Nikolaus, Gepäck und Sitz zusammen wie eine 0.

Mit diesen insgesamt 20 Symbolbildern sind Sie nun für den normalen Alltagsbedarf hinreichend gerüstet. Und falls Sie doch einmal in die Verlegenheit geraten, sich noch mehr Punkte einprägen zu müssen, denken Sie an unseren Vorschlag mit den verschiedenen Farben: Die ersten 20 Begriffe speichern Sie mit roten Symbolen ab, die nächsten 20 mit grünen Symbolen und so weiter.

Mit den Symbolen Nachrichten speichern

Eine schöne Gelegenheit, die schnelle und spontane Assoziation mit den Zahlensymbolen zu trainieren, bietet sich Ihnen jeden Abend, wenn Sie die Fernsehnachrichten ansehen.

Die Grundidee ist die folgende: Sie reduzieren jede Meldung auf eine Kernaussage, einen prägnanten Begriff, und verbinden diesen mit dem entsprechenden Zahlensymbol. Nach der Sendung setzen Sie sich dann kurz hin und notieren sich die einzelnen Stichpunkte – und schon nach kurzer Zeit werden Sie sich vollständig an die wichtigsten Meldungen des Tages erinnern können.

> Achten Sie ein wenig darauf, dass Sie sich bei den einzelnen fantasievollen Verknüpfungen zwischen der Meldung und dem Symbol nicht zu lange aufhalten. Die erste spontane Assoziation, die Ihnen einfällt, ist meistens auch die beste!

Übung: Was hat der Tag gebracht?

Betrachten Sie die folgende Liste und speichern Sie diese fiktiven Nachrichtenmeldungen mit den Symbolen verknüpft in Ihrem Gedächtnis ab. Dazu sollen Sie nicht länger als drei Minuten benötigen. Der Abwechslung halber können Sie hier, wenn Sie möchten, die Symbole von 11 bis 20 benutzen:

11 Einsatz der Tornado-Kampfflugzeuge vom Bundestag abgelehnt,

12 Bundeskanzler in Warschau eingetroffen,

13 Erpresserbande im Internet aufgespürt,

14 Öltanker im Mittelmeer leckgeschlagen,

15 wilde Flucht zweier Autodiebe über die A5,

16 Koalitionsversprechen: neue Initiativen für Arbeitslose,

17 Beginn der Parlamentswahlen in Moldavien,

18 Neues Orkantief an der Westküste der USA,

19 Mineralölsteuererhöhung um einen Pfennig?,

20 gestrandete Wale ins tiefe Meer zurückgebracht.

Noch schneller: die „Blitzlichttechnik"

Diese Übung können Sie selbstverständlich auch mit den Nachrichten im Radio machen. Für den Anfang hat aber das Fernsehen vielleicht doch den Vorteil, dass die Bilder zu den einzelnen Meldungen ja meist vorgegeben sind; das heißt, Sie brauchen das entsprechende Symbol in Gedanken nur mitten in das vorgegebene Bild „hineinzuwerfen", als würden Sie eine Momentaufnahme, ein Blitzlicht machen wollen.

Beispiel: So geht es schnell

 Sie sehen den Bericht aus dem Bundestag – und stellen in Gedanken blitzschnell jedem Abgeordneten eine große Portion **Spaghetti** auf seinen Arbeitsplatz.

Und vielleicht lassen Sie ja bei der Ankunft des Bundeskanzlers in Warschau die große **Turmuhr** dröhnend zwölf schlagen?

Diese Vorstellung, eine Sekunde lang, genügt schon, um die gedankliche Verbindung herzustellen. Und wenn Sie später wieder an die Spaghetti denken, werden Ihnen die Abgeordneten einfallen (und dazu natürlich auch die Frage des Tornado-Einsatzes); bei der Uhr denken Sie sofort an den Staatsbesuch des Kanzlers und so weiter.

Argumente flexibel abrufen

Die Reihenfolge ist nicht entscheidend

Vielleicht ist es Ihnen bei der Frage nach den Verknüpfungen mit dem Dreizack schon aufgefallen: Es stellt bei unserer Methode überhaupt kein Problem dar, die Reihenfolge der eingespeicherten Begriffe zu verändern! Sie können die Symbole mitsamt den zugehörigen Stichwörtern vorwärts oder rückwärts oder völlig durcheinander abrufen. Und Sie haben trotzdem die Gewähr, dass Sie nichts vergessen oder übersehen, denn Sie können ja die Vollständigkeit anhand der Ziffernfolge jederzeit kontrollieren!

Anders als beim gewohnten sturen Auswendiglernen brauchen Sie also nicht das Gelernte in der einmal eingeprägten Reihenfolge herunterrattern, sondern Sie können es ganz nach Bedarf flexibel einsetzen. Diese Flexibilität brauchen Sie besonders dann, wenn Sie Ihr Wissen anderen vermitteln und dabei z. B. auf Fragen reagieren, vor- oder zurückgreifen müssen.

Übung: Was war noch gleich zu erledigen?

Machen Sie doch einmal die Probe aufs Exempel: Sicher erinnern Sie sich noch an die wichtigen Erledigungen im Büro. Fällt Ihnen da spontan wieder ein, was an sechster Stelle stand?

Das sechste Symbol ist – richtig: der **Elefant**, auf dem wollten Sie Ihre Kollegen reiten lassen – der Hintergrund war die Organisation des **Betriebsausflugs**.

Versuchen Sie es selbst mit Platz 4:

Das Kleeblatt ... – _____

Und was war mit den Plätzen

7 – 2 – 5 – 1 – 8 – 3 – 10 – 9?

Sie merken es selbst: Wenn Sie die Bildverknüpfungen vorher lebhaft und lebendig vollzogen haben, bereitet es Ihnen keinerlei Schwierigkeiten, diese Punkte nun auch in einer anderen Reihenfolge vollständig abzurufen!

Den roten Faden behalten

Gerade bei dem Beispiel mit den eben erwähnten Erledigungen erklärt sich der praktische Nutzen dieser Flexibilität von selbst: Sie werden wohl kaum die Möglichkeit haben, Ihre Liste schön der Reihe nach Punkt für Punkt abzuarbeiten. Und so können Sie immer wieder zwischendurch die Zahlen(symbole) in Gedanken durchgehen und sehen, was noch fehlt. Sie können auch, beispielsweise in einer Argumentationskette, die Reihenfolge nach Bedarf spontan verändern:

Übung: Verkaufsargumente sicher abrufen

Stellen Sie sich vor, Sie sind Verkaufsleiter einer Kosmetikfirma und sollen nun ein neues Schaumbad auf den Markt bringen. Hier sind Ihre Verkaufsargumente, prägen Sie sich diese anhand der Symbole gut ein (drei Minuten Zeit):

1   Das Schaumbad ist absolut hautfreundlich und allergiegetestet.

2   Es duftet angenehm nach Vanille oder Zimt.

3   Für Kinder gibt es die Duftnoten Apfel oder Orange.

4   Die Flaschen sind griffig und rutschen auch im Wasser nicht aus der Hand.

5   Im Deckel ist ein Dosierventil integriert, das einen sparsamen Verbrauch garantiert.

6   Das Schaumbad ist auch als Haarshampoo verwendbar.

7   Es gibt eine Familienpackung mit einem Liter Inhalt und eine Reisepackung mit 100 ml.

8   Das Produkt ist äußerst preisgünstig.

9   Die Verpackung ist aus umweltfreundlichem, recycelfähigem Material.

10 In jeder Packung gibt es eine lustige kleine Tierfigur zum Sammeln.

Nicht immer läuft alles nach Plan

Wenn Sie sich diese Argumente fest eingeprägt haben, stellen Sie sich vor, Sie sind nun im intensiven Kundengespräch z. B. bei Vorteil drei angelangt und präsentieren gerade die verschiedenen Duftnoten. Da fragt Ihr Gesprächspartner nach der Packungsgröße. Diesen Punkt haben Sie auf Platz sieben abgespeichert. Sie ziehen ihn nun einfach vor, weil er eben jetzt in den Zusammenhang passt – und können anschließend genau an der Stelle in Ihrer Argumentationskette weitermachen, wo Sie unterbrochen wurden, nämlich bei Punkt drei beziehungsweise vier.

Sie können also alle Argumente flexibel abrufen. Außerdem wissen Sie sicher, dass solche Zwischenfragen Sie nicht mehr aus dem Konzept bringen können.

> Wenn Sie sich Ihre Argumente mithilfe der Zahlensymbole einprägen, können Sie sicher sein, dass Sie immer wieder zum „roten Faden" Ihrer ursprünglich konzipierten Argumentation zurückfinden!

Mit der Geisselhart-Methode und den Zahlensymbolen haben Sie die Gewähr dafür, dass Sie

- jederzeit die ursprüngliche Reihenfolge Ihrer Punkte verändern können,
- auf sämtliche Punkte immer spontanen Zugriff haben,
- keinen Ihrer Punkte vergessen oder übersehen,
- jederzeit flexibel und vollständig argumentieren können.

So bauen Sie Ihre Fähigkeiten aus

Wenn Sie die Kapazitäten Ihres Erinnerungsvermögens noch intensiver nutzen wollen, dann können Sie es durch verschiedene Anregungen kräftig unterstützen.

In diesem Kapitel erfahren Sie wie Sie

- Ihre Merkfähigkeit steigern, indem Sie verschiedene Sinneswahrnehmungen miteinander kombinieren (S. 52) oder mit einem Partner üben (S. 56),
- Ihre rhetorischen Fähigkeiten (S. 59) und Ihr Namensgedächtnis verbessern (S. 61),
- sich Zahlen besser merken können (S. 70).

Mit allen fünf Sinnen zum Erfolg

Viele Gedächtniskünstler trainieren ihre ausgezeichnete Merkfähigkeit, indem sie ganz bewusst die verschiedenen Sinneswahrnehmungen miteinander kombinieren, über die ja jeder von uns verfügt: Sehen, Hören, Fühlen, Riechen, Schmecken.

Auf diese Weise gelingt es ihnen, die oftmals immensen Datenmengen, die sie sich einprägen wollten, so dauerhaft im Gedächtnis zu verankern, dass sie jederzeit darauf zugreifen können. Diese Verfeinerung wollen wir nun mit unserer Methode der Zahlensymbole kombinieren:

Übung: Mit den fünf Sinnen arbeiten

Die folgenden wichtigen Erledigungen erwarten Sie am Montagmorgen im Büro. Betrachten Sie sich diese Liste und speichern Sie sich die Punkte anhand der Zahlensymbole verlässlich ein. Achten Sie nun darauf, dass Sie die inneren Verknüpfungsbilder mit einem der fünf Sinne kombinieren, indem Sie in den Fantasieszenen ganz bewusst etwas sehen, hören, spüren, schmecken oder riechen:

1   Sie müssen mit Ihrer Sekretärin die Post durchsehen.

2   Anschließend machen Sie eine genaue Aufstellung der aktuellen Termine für die kommende Woche.

3   Sie sollten dringend das Protokoll von der letzten Vorstandssitzung schreiben.

4   Ihr Anwalt hat schon zweimal angerufen und wollte einen Termin mit Ihnen ausmachen.

5   Ihr Chef hat Sie gebeten, für das neue Produkt eine Präsentation auszuarbeiten.

6   Das Computerprogramm für die Rechner in Ihrer Abteilung ist endlich angekommen und sollte unbedingt bald installiert werden.

7   Sie müssen dringend die Anträge für das Finanzamt unterschreiben

8   und die Anfrage an die neue Telekommunikationsfirma abschicken.

9   Außerdem sollten Sie sich um eine geeignete Lokalität für die diesjährige Weihnachtsfeier der Firma kümmern.

10   Die Sekretärin muss einen wichtigen Vertrag ändern und neu schreiben.

11   Einer Ihrer Mitarbeiter hat einen interessanten Vorschlag zur Rationalisierung am Arbeitsplatz gemacht, mit ihm wollen Sie ebenfalls möglichst bald sprechen.

12   Schließlich müssen Sie darauf achten, pünktlich Feierabend zu machen, da Sie am Abend mit Ihrer Frau in die Oper eingeladen sind ...

Achten Sie bei den Verknüpfungen wieder darauf, dass sie lebendig und ruhig ein wenig absurd sein sollen. Nehmen Sie sich genügend Zeit (etwa sechs bis acht Minuten) und kreieren Sie „gefühlvolle" Bilder.

Je intensiver Sie sich auf Ihre Sinneseindrücke innerlich ein-
lassen können, umso leichter fällt es Ihrem Gedächtnis, bei
Bedarf die richtige „Schublade" zu ziehen und den gesuchten
Begriff schnell und zuverlässig wiederzufinden. Versuchen Sie
einmal, die folgende kleine Szene mit allen fünf Sinnen in
Ihrer Vorstellung nachzuvollziehen:

Beispiel: So schön kann Fantasie sein

Sie sitzen an einem kleinen Bergbach in der Sonne, nehmen eine
kräftige Brotzeit zu sich und genießen derweil die Aussicht. Was
können Sie *sehen, hören, spüren, schmecken* oder *riechen*?

Sehen: Betrachten Sie in Gedanken das Panorama der umlie-
genden Gipfel, den Bach, der sich über die Wiese schlängelt,
vielleicht bunte Blumen oder blühende Berghänge, den Wan-
derweg, der sich am Hang entlang in die Höhe windet ...

Hören: Lauschen Sie dem Plätschern des Wassers, einem Flug-
zeugmotor, entfernten Stimmen von anderen Spaziergängern,
einer Hummel, die zwischen den Blüten hin und her fliegt ...

Spüren: Nehmen Sie den kühlen Lufthauch auf Ihrem Gesicht
wahr. Oder vielleicht spüren Sie eher Ihre schweren, müden
Beine oder das Gefühl von Freude über die schöne Wanderung
und die tolle Aussicht hier oben ...

Riechen: Genießen Sie die würzige Bergluft, den Duft der
Blumen ...

Schmecken: Achten Sie bewusst auf die verschiedenen Ge-
schmacksnoten z. B. Ihrer Brotzeit: Käse, Karotten, Brot, Eistee
usw. ...

Wenn Sie sich mit all Ihren Sinnen in eine solche Situation
versetzen können, dann hat es Ihr Gedächtnis leicht, Ihnen
das Gewünschte später schnell wieder in Erinnerung zu bringen. Je mehr Sinneseindrücke Sie miteinander verschmelzen,

umso intensiver und einmaliger wird das gesamte Bild für Ihr Erinnerungsvermögen sein.

Beispiel: „Sinn-haftes" Einprägen

Als Anregung sehen Sie hier ein paar Beispiele unserer „sinnlichen" Verknüpfungen:

Bei **Kerzen**licht, weil es noch dunkel ist, sehen Sie sich die Post an – mit einer Lupe, damit Sie alles genau erkennen.

Sie haben einige Termine außerhalb der Firma; deshalb bestellen Sie sich als Taxi einen fliegenden (überdimensionalen) **Schwan**. Sie spüren schon jetzt die Kälte, die Sie beim Flug auf seinem Rücken empfinden werden.

Ebenso intensiv spüren Sie den **Dreizack** in Ihrem Rücken, mit dem der Vorstandsvorsitzende Sie dazu antreibt, endlich das Protokoll zu schreiben ...

Hier haben Sie also zwischen die Verknüpfung „Kerze – Post" noch die deutliche Wahrnehmung „Sehen" (Lupe) eingefügt und somit die Verbindung zwischen den Begriffen verstärkt. Dasselbe gilt natürlich auch für die beiden anderen Beispiele:

Schwan – Kälte spüren – Termine

Dreizack – Druck im Rücken fühlen – Protokoll

Setzen Sie beim Abspeichern Ihre fünf Sinne ein und verstärken Sie so Ihre inneren Vorstellungsbilder. Mit Fantasie *und* Gefühl machen Sie es sich noch leichter, sich an das Gewünschte später schnell und zuverlässig zu erinnern!

Gemeinsam üben macht stark

Ein guter Maßstab dafür, wie gut Sie schon mit den Zahlensymbolen umgehen können, ist das Üben mit einem Partner. In dem Moment, wo Sie das Gelernte an jemanden weitervermitteln, können Sie ersehen, wie selbstverständlich Ihnen diese Technik bereits geworden ist.

Übung: Die Zahlensymbole erklären

Suchen Sie jemanden, der sich auch für unser Gedächtnistraining interessiert, und erklären Sie ihm das System mit den Zahlensymbolen. Für den Anfang genügt es, wenn Sie die Symbole von 1 bis maximal 12 verwenden.

Übung: Die überzeugende Demonstration

Sie notieren die Zahlen von 1 bis 10, wenn Sie es sich zutrauen auch schon bis 12 oder 15, untereinander auf ein Blatt Papier. Ihr Partner nennt nun beliebige Begriffe und ordnet sie einer der Zahlen zu. Das kann z. B. so aussehen:

Regierungskrise zur 6,

Gewerbeflächen zur 2,

Internet zur 10,

Teppichboden zur 4,

Spitzenjob zur 1 usw.

Sie oder Ihr Partner notieren die Begriffe jeweils neben der betreffenden Zahl und bereits während geschrieben wird prägen Sie sich die Paare (Begriff + Zahl) blitzschnell ein. Vergessen Sie nicht, nach Möglichkeit sowohl die Blitzlichttechnik als auch die „sinnliche" Verknüpfung anzuwenden!

Anschließend geben Sie die Liste Ihrem Partner in die Hand und zählen auf, welcher Begriff auf welchem Platz steht:

1 = Spitzenjob

2 = Gewerbeflächen usw.

Damit werden Sie Ihren Partner wahrscheinlich stark verblüffen. Selbstverständlich darf er die Begriffe nun auch rückwärts abfragen oder in vertauschter Reihenfolge und Sie werden ihm immer souverän antworten können, denn Sie haben sich ja alle Begriffe abrufsicher eingeprägt ...

Übung: Begriffsliste zu zweit

Sie nennen abwechselnd je einen Begriff und eine Zahl und kontrollieren sich anschließend gegenseitig (ohne Aufschreiben!), ob Sie noch alles wissen.

Lassen Sie mich noch kurz an einem Beispiel aus dem Alltag darstellen, wie spielerisch man sich jegliche Art von Daten mit unserer Technik merken kann und wie überaus vielseitig sie anwendbar ist.

Beispiel: Die „Hitparade"

 Meine Kinder, zwischen acht und dreizehn Jahre alt, arbeiten immer wieder gerne (und sehr spielerisch) mit den Zahlensymbolen. So auch kürzlich, als sie sich gemeinsam die Titel einer „Top Hits"-Kassette einprägten:

Der erste Song hieß „All my Life" – das A ist der **erste** Buchstabe im Alphabet;

beim zweiten Titel, „Stranded", dachten sie an rauschende Meereswellen („hören"!) und eine Schar stolzer **Schwäne**;

der dritte Titel, „Mysterious Times", wurde kurzerhand umgetauft in „Mysterious Feelings", die man verspürt („spüren"!), wenn man mit einem **Dreizack** unsanft berührt wird;

„Climbing" beginnt mit den gleichen Lauten wie **Kleeblatt** (Diese Assoziation genügte den Kindern schon, um sich später zuverlässig an den Titel zu erinnern!);

bei Titel Nummer fünf, „Angels", stellten sie sich vor, wie ihre Schutzengel sie an der **Hand** nehmen und beschützen, usw.

Noch drei Wochen später konnten sich alle drei Kinder an alle insgesamt 14 Titel genau erinnern.

Lassen Sie sich etwas einfallen!

Wenn Sie einen Übungspartner gefunden haben, können Sie die meisten der bisher beschriebenen Übungen natürlich auch zu zweit machen. Dabei kommt es aber nicht darauf an, dass Sie in Ihren Verknüpfungsbildern übereinstimmen oder darin wetteifern, wer das „bessere" gefunden hat, denn es gilt, wie wir bereits erwähnten, dass für jeden Menschen seine eigene Fantasie der alleinige Maßstab ist.

Was sich sehr gut dazu eignet, nebenbei und ohne großen Zeitaufwand das Gedächtnis zu trainieren, sind z. B. Fernsehsendungen. Sie können sich zusammen die Nachrichten ansehen und hinterher gemeinsam die einzelnen Meldungen rekapitulieren.

Indem Sie Ihre Kenntnisse und Fähigkeiten mit anderen teilen, festigen Sie Ihr eigenes Wissen und das Vergnügen, das

Sie zu zweit erleben, unterstützt darüber hinaus Ihre persönliche Motivation. Und eine gute Motivation fördert wiederum Ihre Fortschritte! (Für weitere Partner-Übungen verweisen wir Sie auf die Literaturliste S. 247.)

Verbessern Sie Ihre rhetorischen Fähigkeiten

Sie können die Technik der Symbole in folgenden Situationen direkt oder indirekt nutzen:

- Sie prägen sich die wichtigsten Kernpunkte einer Rede ein, die Sie halten müssen.

- Sie sammeln und gliedern gleichzeitig die Argumente oder Produktvorteile für ein Verkaufsgespräch.

- Sie merken sich die einzelnen Informationen, die einen bestimmten Kunden oder Geschäftspartner betreffen.

- Sie verankern bereits während eines Telefonats wichtige Daten in Ihrem Gedächtnis.

- Sie verfolgen eine Besprechung oder Konferenz und prägen sich dabei blitzschnell die Hauptgesichtspunkte ein.

- Sie merken sich Zusammenhänge und Hintergründe automatisch

und vieles mehr.

Die hier vorgestellte Gedächtnistechnik bietet eine überzeugende Mischung aus Struktur und Flexibilität, aus phantastischer Merkfähigkeit und bildhaft-eindrucksvoller Sprache.

Selbst wenn Sie einmal eine längere Rede halten müssen, sind Sie dank dieser Fähigkeiten in der Lage,

- Ihre Aussagen klar strukturiert zu vermitteln, denn Sie haben ja den Ablauf der geplanten Ausführungen genau im Kopf,
- während Ihrer Darlegungen flexibel zu bleiben und bei Bedarf auch einzelne Punkte vorzuziehen oder auf Einwände und Zwischenfragen einzugehen,
- alle Teile Ihrer Rede zu präsentieren, auch wenn Sie von der ursprünglich geplanten Reihenfolge abgewichen sind,
- Ihren Zuhörern während der ganzen Rede durch Ihren bildhaft-konkreten Sprachstil anschauliche Gedankengänge zu vermitteln.

Übung: Eine Rede halten

Stellen Sie sich vor, Sie sollen Ihren Kollegen (Nachbarn, Freunden) eine Rede halten über den Sinn und Zweck von Gedächtnistraining. Überlegen Sie sich mindestens zehn Argumente, mit denen Sie sie vom Nutzen überzeugen wollen, ordnen Sie sie nach ihrer Bedeutung und prägen Sie sich diese Punkte anschließend gut ein. Kreieren Sie in Ihrer Fantasie lebendige Bilder, nutzen Sie wieder die fünf Sinne und lassen Sie auch in Ihrer vorgebrachten Argumentation möglichst viele Bilder und Gefühle sprechen! Falls Sie die Möglichkeit dazu haben, sollten Sie versuchen, diese Argumente tatsächlich einmal in einem konkreten Gespräch anzubringen.

So wird sich Ihr Gedächtnistraining direkt und indirekt positiv auf Ihre rhetorischen Fähigkeiten auswirken:

Sie gewinnen auf jeden Fall an Sicherheit, was Aufbau und Inhalt Ihrer Darlegungen betrifft. Darüber hinaus werden Sie aber auch feststellen, dass sich Ihr Stil umso deutlicher auf Ihre Sprache und Formulierungskunst auswirken wird, je mehr Sie sich angewöhnen in Bildern zu denken und sich wichtige Dinge in fantasievollen, ausdrucksstarken Szenen einzuprägen. Sie drücken sich konkreter und gezielter aus, Ihre Aussagen werden für Ihre Gesprächspartner klarer und einfacher nachvollziehbar.

Sich endlich Namen und Gesichter merken

Ein weiterer wichtiger Aspekt im Berufsleben ist der richtige Umgang mit Namen. Sie lernen hier, sich Namen und Gesichter zuverlässig einzuprägen, sodass Sie schon bald von Ihrem ausgezeichneten Namensgedächtnis im Alltag profitieren werden.

So prägen Sie sich neue Namen zuverlässig ein

1 Sie stellen sicher, dass Sie den Namen richtig verstanden haben.

2 Sie betrachten die Person genau und suchen sich ein auffallendes Merkmal aus.

3 Dieses verbinden Sie in einem fantasievollen Bild mit dem Namen.

> Wenn Sie diese drei Schritte konsequent umsetzen, werden Namen und Gesichter im Alltag kein Problem mehr für Sie darstellen.

1 Haben Sie den Namen richtig verstanden?

Nichts ist peinlicher, als sich einen falschen Namen zu merken. Vor allem am Telefon passiert es häufig, dass der Name verzerrt ankommt oder vom Gesprächspartner nur undeutlich in die Sprechmuschel gemurmelt wird. Dann ist es keine Schande, noch einmal höflich nachzufragen und den Namen gegebenenfalls während des Gesprächs ein paar Mal zu wiederholen. Damit leisten Sie bereits die erste Vorarbeit, denn Ihr Gedächtnis gewöhnt sich an den Klang dieses Worts.

2 An was erinnert Sie der Name?

Es gibt ja eine ganze Reihe von Namen, die bereits eine bestimmte Bedeutung haben: Bei „Zink" denken Sie wahrscheinlich automatisch an das Metall, bei „Hofmann" an einen edlen Ritter, bei „Perlebach" an einen Bach voller Perlen und so weiter. Hier fällt es Ihnen sicher leicht, sich bereits während des Gesprächs mithilfe Ihrer Fantasie eine kleine Gedächtnisbrücke zu bauen: Sie verbinden dann das Gedankenbild des Namens entweder mit dem Anliegen der Person (bei einem Telefonanruf) oder mit ihrem Gesicht und Aussehen (beim persönlichen Gespräch).

Übung: Beim Telefonieren Namen einprägen

Nehmen Sie sich fünf Minuten Zeit und kreieren Sie lustige Gedankenbilder, die die Namen der Anrufer mit dem jeweiligen Grund ihres Anrufs verknüpfen. Wenn Sie möchten, können Sie die Zahlensymbole dazu abspeichern, sodass Sie anschließend auch ohne Notizen noch genau wissen, wie viele Personen in welcher Reihenfolge und mit welchen Anliegen im Laufe des Tages angerufen haben.

1 Herr Schweizer beschwert sich, weil die versprochenen Unterlagen noch nicht angekommen sind.

2 Frau Roth bittet um einen Termin zur Präsentation des neuen Notebooks.

3 Frau Müller ist eine Kollegin, die sich für drei Tage krank melden will.

4 Herr Bergmann möchte eine Bestellung stornieren.

5 Herr Moser will anfragen, ob die ausgeschriebene Stelle in der Qualitätskontrolle schon besetzt wurde.

6 Frau Klein möchte mit ihrem Mann verbunden werden, der in der Forschungsabteilung arbeitet.

7 Herr Stierle interessiert sich für die neue Produktionsstraße in der Fertigung.

8 Frau Heimstatt arbeitet bei der örtlichen Tageszeitung und möchte Ihrer Firma eine Annonce verkaufen.

9 Herr Rose ist der Steuerberater; ihm fehlen wichtige Kontoauszüge des Vormonats.

10 Herr Weißhaar erkundigt sich nach den Öffnungszeiten im Werksverkauf.

Auch wenn Sie nicht wissen, wie diese Personen aussehen, können Sie sich doch ein „Bild" von ihnen machen: Benutzen Sie den **Namen**, der ja schon per se bildhaft ist, und fügen Sie **Anliegen** des jeweiligen Anrufers und das **Zahlensymbol** einfach hinzu.

Beispiel: Unsere Namensbilder

Für den Anfang helfen wir Ihnen noch ein wenig und stellen Ihnen ein paar unserer Ideen vor:

Die **Unterlagen** sind am Grenzübergang von einem **Schweizer** Zöllner über einer **Kerze** feierlich verbrannt worden.

Ein knallroter **Schwan** öffnet sein Gefieder und präsentiert auf seinem Rücken das neueste **Notebook**-Modell.

Frau **Müller** ist in der Mühle auf eine Heugabel (Ersatz für **Dreizack**) gestiegen und kann nun wegen der Verletzung **nicht arbeiten**.

Die weiteren Verknüpfungen gestalten Sie bitte selbst. Überprüfen Sie am nächsten Tag, wie zuverlässig Sie sich noch an die einzelnen Telefonate erinnern können.

3 Erfinden Sie selbst ein passendes Bild zum Namen

Wenn der Name noch kein Bild beinhaltet, liegt es an Ihnen, möglichst schnell eines zu erfinden. Sie können dann den Namen leicht verändern oder sich ein Ersatzwort suchen, das ähnlich klingt, sodass Sie wieder eine Basis für ein Bild erhalten. Bei „Roser" denken Sie beispielsweise an Rosen, bei „Fricker" an Klicker (Murmeln), bei „Mattes" an Gymnastikmatten und so weiter. Mit etwas Fantasie wird Ihnen auch zu schwierigeren Fällen bestimmt etwas einfallen, dann merken Sie sich den Herrn „Wisotzki" eben durch die Frage „Wieso

Ski (und nicht Schlitten)?" oder Sie überlegen bei Frau „Mendel", ob sie wohl einen Sohn hat.

Natürlich werden Sie bei all diesen Verknüpfungsbildern den betroffenen Personen nichts von Ihren fantasievollen Vorstellungen erzählen. Wer weiß, ob Herr „Klatzky" den nötigen Humor aufbringt, wenn er erfährt, dass Sie ihn in Gedanken ohne Haarpracht herumlaufen lassen ...

Namen und Gesichter miteinander verbinden

Wir gehen einen Schritt weiter und nehmen die individuellen Gesichtszüge dazu. Hier kommt es nun neben der Fantasie auch auf Ihre genaue Beobachtungsgabe an: Jeder Mensch hat seine ganz persönlichen Merkmale, die es für Sie zu erkennen und in ein Bild umzusetzen gilt.

Übung: Sich Namen und die zugehörigen Gesichter einprägen

Betrachten Sie sich etwa fünf Minuten lang die folgenden Gesichter und denken Sie sich zu jedem Bild eine fantasievolle Verknüpfung mit dem Namen aus. Studieren Sie die jeweiligen Gesichtszüge ganz genau und basteln Sie sich aus den markantesten Merkmalen, die Ihnen auffallen, eine Gedankenbrücke zum Namen.

Können Sie sich die folgenden Gesichter und Namen merken?

Frau Hansen

Herr Damm

Herr Lohmann

Herr Loeb

Herr Schmitz

Frau Rainer

Herr Friedrichs

Frau Kurz

Herr Saeger

Herr Konrad   Herr Mund   Herr Vogel

Frau Krey   Herr Ludwig   Herr Feller

Aus Harry Lorayne: „Wie man ein Super-Gedächtnis entwickelt".

Beispiel: Vom Gesichtsmerkmal zum Namen

Wir haben zu den ersten drei Gesichtern die folgenden Assoziationen:

Bei Frau Hansen fällt uns die markante Brille auf, durch die sie uns richtig streng „(H)ansehn" kann.

Herr Damm hat ebenmäßige, harmonische Gesichtszüge; das erinnert uns an einen Bergsee, der friedlich hinter einem Staudamm liegt.

Herr Lohmann schaut sehr kritisch; vielleicht hat er Angst, gleich in ein Loch zu fallen und dann als „Lochmann" verspottet zu werden?

Sie sehen hier, dass es nicht wichtig ist, möglichst viele typische Merkmale zu finden, sondern es genügt schon ein einziges, wenn es nur anschließend auf möglichst einprägsame Weise mit dem Namen der Person verbunden wird. Das kann im Alltag ein ganz beliebiges körperliches Merkmal sein, Sie sind nicht auf die Gesichtszüge beschränkt. Vielleicht erinnern Sie sich an die besonders großen Hände einer Person oder an ihre kleinen Ohren?

Auch Haltung, Größe oder Haarfarbe sind als „Merk-mal" geeignet, wenn sie nur auffällig sind bzw. eine einprägsame Assoziation zum Namen anbieten. Sie können sich auch eine immer wiederkehrende, typische Geste merken. Vielleicht fallen Ihnen auch andere äußere Eigenschaften auf: Trug Herr Janeke nicht eine besonders extravagante Jacke, Herr Punti eine witzige Krawatte mit großen Punkten und Frau Kreisel einen Ohrring, der Sie an einen Kinderkreisel erinnert hat?

Und nun überprüfen Sie zum Schluss auf den folgenden Seiten, wie zuverlässig Ihre Verknüpfungen bereits sind.

Wissen Sie die Namen noch?

_____   _____   _____

_____   _____   _____

_____   _____   _____

Aus Harry Lorayne: „Wie man ein Super-Gedächtnis entwickelt".

Sicher mit Zahlen und Terminen umgehen

Für das Einprägen von Zahlen, vor allem, wenn sie mehrstellig werden, gibt es noch eine weitere Möglichkeit, wie Sie zum absoluten Gedächtniskünstler avancieren können: Sie ersetzen die Ziffern durch ganz bestimmte Buchstaben. Konkret ergeben sich folgende Zuordnungen:

Das Zahlenalphabet

1 = t oder d   (die 1 hat Ähnlichkeit mit dem kleinen **t**)

2 = n   (das **n** hat zwei Längsstriche)

3 = m   (das **m** hat drei Längsstriche)

4 = r   („vier" endet mit **r**)

5 = l   (**L** steht als römische Zahl für 50)

6 = j, ch, sch   (im Klangbild von sechs ist das **ch** vorhanden)

7 = g oder k   (Merksatz: „sieben **K**ühe grasen")

8 = f oder v   (ein kleines **f** kann schnell zur 8 ergänzt werden)

9 = p oder b   (die 9 ist ein seitenverkehrtes **p**)

0 = z, s oder c   (null heißt beim Roulette **„Zero"**)

Die Buchstaben w – h – y bleiben übrig („why" = warum weiß keiner), ebenso a – e – i – o – u, die uns als Füllstoff dienen werden.

Übung: Ziffern durch Buchstaben ersetzen

Prägen Sie sich diese Zuordnungen gut ein. Sie sind Voraussetzung für außerordentliche Gedächtnisleistungen im Reich der Zahlen, z. B. bei Bankleitzahlen, Konto- oder Telefonnummern, Code-Ziffern für Homebanking und Ähnlichem.

So merken Sie sich lange Zahlen und Endloslisten

Mit diesem Zahlen-Buchstaben-System können Sie sich nun besonders gut Zahlenreihen einprägen:

1 Sie zerlegen die Zahl in kleinere Teile zu jeweils drei oder vier Ziffern.

2 Sie ersetzen die Ziffern durch die zugeordneten Buchstaben.

3 Schließlich bilden Sie aus diesen Buchstaben Wörter, indem Sie beliebige Vokale als Füllstoff einfügen.

Beispiel: Eine Bankleitzahl einprägen

Wir zerlegen die fiktive Bankleitzahl 555 900 99 in drei Teile und notieren die benötigten Konsonanten:

l – l – l ,   b – s – s ,   b – b

Und nun suchen wir die passenden Wörter dazu, z. B.:

Lalelu, Basis und Baby.

Schnell noch eine Verknüpfung gezaubert:

Ein Schlaflied („**La-le-lu**") ist die ideale **Basis** dafür, dass das **Baby** bald einschläft ...

Und schon haben wir uns die Bankleitzahl sicher eingeprägt.

Übung: Telefonnummer merken

Wagen Sie sich nun selbst daran. Finden Sie ein einprägsames Bild oder einen Satz für die folgende Telefonnummer:

01 39–56 24

Sie können aber genauso gut auf die altvertrauten Symbole für die Zahlen von 1 bis 9 zurückgreifen: Sie ersetzen die Ziffern durch die Symbole und basteln dann daraus eine kleine Geschichte.

Beispiel: Telefonnummer mit Bildsymbolen

 Ein **Ball** (der Golfball von der zehn) springt auf die **Kerze** und löscht die Flamme aus, dann hüpft er weiter und landet auf dem **Dreizack**, zischend verliert er seine Luft. Das Zischen lockt eine **Schlange** an, die den Ball samt Dreizack verschlingt. Eine **Hand** packt die Schlange an der Gurgel und schleudert sie in den Urwald, genau einem **Elefanten** auf den Fuß. Der springt vor Schreck in die Luft, wo er mit einem **Schwan** zusammenstößt, der daraufhin abstürzt, aber zum Glück weich landet: auf einem riesengroßen **Kleeblatt** ...

Ziemlich absurde Handlung, finden Sie nicht auch? Aber genau so lässt sie sich auch prima merken, das werden Sie feststellen, wenn Sie diese Nummer nach ein paar Tagen wieder brauchen.

Übung: Noch mehr Zahlen

Versuchen Sie es nun selbst mit den folgenden Zahlen. Sie haben für jede Zahl etwa zwei Minuten Zeit.

07531 – 12345

660 999 60

18 26 741

Dabei bleibt es Ihnen überlassen, ob Sie lieber die Buchstabenersetzung wählen oder die Bildsymbole. Versuchen Sie es ruhig mit beiden Möglichkeiten und finden Sie heraus, welche Ihnen mehr liegt.

> Je kreativer Sie in dieser Richtung tätig sind, umso mehr schulen Sie Ihr Gedächtnis und Ihre Fantasie!

Zur Ergänzung noch eine Idee für die erste Variante:

Beispiel: Telefonnummer mit Buchstaben und Fantasiesatz

	0	1	3	9	–	5	6	2	4	wird zu
	s	t	m	b/p	–	l	ch/sch	n	r	

und anschließend lassen wir unsere Fantasie spielen:

„(Das) **SAT-Mobil (ist) schöner!**" heißt nun unser Merksatz für diese Nummer.

Finden Sie im Laufe der Zeit selbst heraus, welche Variante Ihnen am ehesten zusagt und Ihre Zwecke am besten erfüllt.

Termine souverän erinnern

Wenn Sie sich im letzten Kapitel die Zahlensymbole von 1 bis 20 gründlich eingeprägt haben, werden Sie auch mit Terminen keine Schwierigkeiten erleben: Sie haben ja genügend Bilder zur Verfügung, um sich Daten bis acht Uhr abends spielend einzuprägen (und für alles, was erst danach anfängt, dürfen Sie dann zwei Symbole kombinieren). Sie ersetzen also die Uhrzeit durch das entsprechende Symbol; bei Zeiten, die zwischen den vollen Stunden liegen (z. B. 10.30 h), benutzen Sie einfach beide Symbole, Golf und Spaghetti.

Übung: Den Wochenplan merken

Betrachten Sie den Terminkalender für die kommende Woche und prägen Sie sich die Termine ein. Wenn Sie sich sicherer fühlen, können Sie die Wochentage dadurch auseinanderhalten, dass die Symbole in einer bestimmten Farbe erscheinen: für Montag Rot, für Dienstag Blau, für Mittwoch Gelb und so weiter, ganz wie es Ihnen gefällt. (Legen Sie die Farbverteilung aber vorher klar fest und prägen Sie sich diese gut ein!)

- Am Montag gehen Sie abends zur Massage (19.00 h).
- Am Dienstag kommt ein wichtiger Geschäftspartner zu Ihnen ins Büro (11.00 h)
- und Sie haben am Spätnachmittag einen Kontrolltermin beim Zahnarzt (16.30 h).
- Außerdem ist noch Elternabend im Kindergarten Ihres Jüngsten (20.00 h).
- Am Mittwoch ist die Jahresversammlung der Außendienstmitarbeiter (10.00 h),
- anschließend findet gleich die monatliche Firmenbesprechung statt (14.00 h).
- Wenn Sie rechtzeitig nach Hause kommen, gehen Sie abends noch in den Tanzkurs (21.00 h).
- Am Donnerstag findet eine wichtige Präsentation statt (9.00 h)
- und am Freitag hat Ihre Sekretärin einen Tag Urlaub und steht Ihnen nicht zur Verfügung (von 9.00 h bis 17.00 h!).

- Für den Nachmittag ist noch eine Abteilungssitzung angesetzt (15.00 h).

Und dann haben Sie sich Ihr Wochenende sicherlich verdient!

Zur Sicherheit können Sie diese Termine natürlich auch noch durchnummerieren und mit den Symbolen von 1 bis 10 versehen, dann haben Sie die Gewähr, dass Sie auch wirklich keinen vergessen.

Beispiel: Die Symbole variieren

 Verwenden Sie die folgenden Symbole:

Für die Massage einen roten Luftballon, eventuell zusammen mit einer roten Kerze; für den Geschäftspartner blaue Spaghetti (Schwan) und für den Zahnarzt Angel und Geodreieck (Dreizack), ebenfalls in Blau. Als Krönung folgt ein himmelblauer Schlitten, mit dem Sie geradewegs zum Elternabend fahren können (Kleeblatt) usw.

Diese Anregungen können Sie immer weiter ausbauen, Ihrem Eifer sind hier keine Grenzen gesetzt.

Es gibt die verschiedensten Möglichkeiten, sich Daten, Zahlen und Fakten zuverlässig abrufbar einzuprägen. Bei konsequentem Üben von einer viertel bis halben Stunde täglich werden Ihnen diese Vorgänge sehr bald in Fleisch und Blut übergehen. Und Sie finden mit Sicherheit auch die für Sie geeignetste Variante heraus, mit der Sie zur persönlichen Gedächtnismeisterschaft gelangen.

Voraussetzungen für geistige Leistungsfähigkeit

Sie können den Anforderungen, die intensives Gedächtnistraining oder Konzentrationsübungen an Sie stellen, nur dann gerecht werden, wenn Sie gleichzeitig darauf achten, dass Sie auch den nötigen Ausgleich für diese geistige Arbeit schaffen.

In diesem Kapitel bekommen Sie Tipps

- für die nötige Balance (S. 78),
- für gezielte Entspannung (S. 80),
- zum Abbau von Gedächtnisblockaden (S. 85).

Balance zwischen Konzentration und Entspannung

Diese einfachen (aber wirkungsvollen) Ratschläge schaffen wichtige Voraussetzungen für Ihre geistige Leistungsfähigkeit:

- Gönnen Sie sich Ruhepausen.
- Versuchen Sie regelmäßig gezielt zu entspannen.
- Nehmen Sie regelmäßige Mahlzeiten ein.
- Achten Sie auf eine gesunde Ernährung.
- Sorgen Sie für ausreichend Schlaf.
- Gehen Sie regelmäßig an die frische Luft.
- Lassen Sie sich auch in Ihrer Freizeit nicht zu sehr von Terminen vereinnahmen.

Sorgen Sie auch für Körper und Seele!

Wenn Sie Ihre Gedächtnis- und Konzentrationsleistungen steigern wollen, sollten Sie ein harmonisches, ausgeglichenes Leben führen. Sobald Sie längere Zeit zu viel arbeiten, kommt es zu deutlichen Stresssymptomen oder dem berüchtigten „Burnout" („Ausgebrannt-Sein"). Leistungsabfall, Müdigkeit oder Konzentrationsschwäche sind die Folgen.

Diesem Ungleichgewicht können Sie erfolgreich vorbeugen, indem Sie mit sich selbst und Ihren Bedürfnissen achtsam umgehen und den geistigen Anforderungen, die an Sie gestellt werden, regelmäßig ausgleichende Elemente entgegensetzen.

Übung: Balance für Körper, Geist und Seele

Beobachten und notieren Sie in den nächsten Tagen, was Sie jeweils für Ihren Körper, für Ihren Geist und für Ihre Seele tun. Vielleicht können Sie die Frage leichter beantworten, wenn Sie sie anders formulieren: „Wodurch fordere ich meinen Körper, meinen Geist, meine Seele?"

Überlegen Sie, ob die einzelnen Punkte zueinander im Gleichgewicht stehen, und versuchen Sie, falls nötig, die Balance wieder herzustellen. Nehmen Sie sich genügend Zeit für ausgleichende Elemente wie

- Sport treiben,
- ein schönes Buch lesen,
- spazierengehen,
- sich der Familie widmen,
- schöne Musik hören,
- anregende Gespräche führen usw.

Fordern Sie Ihren Körper!

Es ist erwiesen, dass körperliches Fitnesstraining, selbst schon in kleinen Übungseinheiten, die geistige Leistungsfähigkeit optimal unterstützt. Machen Sie z. B. in der Mittagspause einen flotten Spaziergang und Sie können sich anschließend wieder hervorragend auf Ihre Arbeit konzentrieren.

Auch bei gezielter und intensiverer sportlicher Betätigung wird der Kopf wieder frei von belastenden Gedanken: Indem Sie sich auf die einzelnen Bewegungsabläufe konzentrieren, merken Sie es meistens nicht einmal, dass dabei alle Sorgen und Überlegungen des Alltags für eine Weile in den Hintergrund treten. Und je mehr Sie sich auf die körperliche Leistung konzentrieren, umso schneller steigern Sie gleichzeitig Ihre sportliche Fitness.

Wie Sie gezielt entspannen können

Konzentration und Entspannung sind genauso untrennbar miteinander verbunden wie z. B. Wachen und Schlafen: Die richtige Balance zwischen diesen Polen macht beide in ihrer jeweiligen Ausprägung überhaupt erst möglich.

Wenn Sie regelmäßig entspannen,

- finden Sie einen Ausgleich zu den anstrengenden Anforderungen des Alltags,
- schaffen Sie die notwendigen Voraussetzungen für erneutes konzentriertes Arbeiten.

Wichtig: Zwischendurch bewusst abschalten

Bewusstes Entspannen ist die beste „Seelenpflege", die Sie sich gönnen können. Um erfolgreich zu arbeiten, sollten Sie regelmäßige Ruhepausen einlegen, in denen Sie nichts tun – außer sich wirklich zu entspannen. Zu diesem Zweck können Sie eine der folgenden Methoden praktizieren:

- Atemübungen
- autogenes Training
- Meditation
- (progressive) Muskelentspannung
- Fantasiereisen oder Ähnliches.

Am wichtigsten dabei ist, dass Sie sich mit der ausgewählten Methode wohl fühlen. Für eine kurze, unauffällige Entspannung zwischendurch, z. B. im Büro, können Sie auch einmal eine der beiden folgenden Anregungen ausprobieren.

Übung 1: Zwischendurch entspannen

Reiben Sie mit Ihrer Zungenspitze etwa fünf Minuten lang von innen über die Schneidezähne; anschließend konzentrieren Sie sich auf das Gefühl, das dabei entstanden ist.

Sie werden staunen, welche innere Ruhe sich durch diese kleine, unauffällige Übung gewinnen lässt.

Übung 2: Die „blaue" Stunde

Sie summen in Gedanken den Buchstaben „A" vor sich hin; falls Sie alleine sind, dürfen Sie das natürlich auch hörbar tun. Dabei stellen Sie sich vor, wie die Farbe Himmelblau nach und nach den ganzen Raum erfüllt. Die Farbe erfasst schließlich auch Ihren gesamten Körper und erzeugt ein wohltuendes Gefühl von Ruhe und Geborgenheit.

Dieses Gefühl können Sie noch intensivieren, indem Sie sich vorstellen, wie Sie beim Einatmen die ganze Ruhe des hellblauen Raums in sich aufsaugen.

Wie Sie schnell „umschalten" können

Gerade die Polarität zwischen Beruf und Privatleben ist für die meisten Menschen oftmals schwierig auszubalancieren. Je größer der angestrebte Erfolg im Beruf tatsächlich wird, umso leichter kommt das Privatleben mit allen Werten, Gefühlen und sozialen Beziehungen zu kurz.

So ist es nach einem anstrengenden Arbeitstag besonders wichtig, bewusst „umzuschalten" von Beruf auf Privatleben. Hier kann es sehr hilfreich sein, für eine kurze Zeit alle Gedanken abzuschalten und sich auf NICHTS zu konzentrieren. Ziehen Sie sich dafür nach Möglichkeit für ein paar Minuten völlig zurück.

Übung: Nichts denken

Schließen Sie die Augen und stellen Sie sich vor, Sie betrachten eine weiße Wand. Jeden Gedanken, der sich auch nur ansatzweise bemerkbar macht, lassen Sie sofort davonfliegen. Sie sehen in Ihrer Vorstellung die weiße Wand und denken an gar nichts.

Zu Anfang wird Ihnen das sehr schwer vorkommen, aber mit regelmäßiger Übung ist es tatsächlich möglich, eine solche Gedankenleere zu erreichen und für einen Zeitraum von etwa zehn bis fünfzehn Minuten zu halten. Wenn es Ihnen zunächst gelingt, für zwei bis drei Minuten alle Gedanken loszulassen, dürfen Sie stolz auf sich sein. Und genießen Sie das angenehme Gefühl der Erleichterung, das Sie anschließend haben werden.

Konzentration und Entspannung im Beruf

Jeder, der etwas leisten und erreichen will, wird so viel Zeit wie möglich für seine Aufgabe aufwenden. Gleichzeitig wird inzwischen immer öfter nachgewiesen, dass regelmäßige Entspannungspausen die Leistungsfähigkeit steigern. Ruhepausen werden einerseits dazu genutzt, um sich rein körperlich zu regenerieren, andererseits, um sich auch in Gedanken auf die geforderte Leistung zu konzentrieren.

Wie Sie sich auf wichtige Aufgaben vorbereiten

So bietet es sich z. B. an, sich bei der Vorbereitung einer wichtigen Rede oder Präsentation nicht stundenlang in das Thema zu verbeißen, sondern schon von vornherein regelmäßige Entspannungspausen einzuplanen.

Wissenschaftler haben herausgefunden, dass der optimale Zeitrhythmus so aussieht:

- 90 Minuten konzentrierte Arbeit,
- 15 bis 20 Minuten Entspannung.

Mit dieser Einteilung haben Sie während der Arbeitsphasen erneut Ihre ganze Konzentration zur Verfügung. So verzetteln Sie sich nicht so leicht in Nebensächlichkeiten und lassen sich von Ihrer Arbeit auch nicht so schnell ablenken.

Bewältigen Sie Ihre Aufgabe zuerst „mental"

Sobald Sie Ihre Vorbereitung abgeschlossen haben, sorgen Sie dafür, dass Sie für eine kleine Weile nicht gestört werden, und dann können Sie den Vortrag, oder was immer Sie vorhaben, in Ihrer Fantasie schon einmal vorab erleben.

Sie stellen sich die Situation in allen Einzelheiten vor: Sie sehen sich vor Ihrem inneren Auge an das Rednerpult treten und Kontakt zu Ihrem Publikum aufnehmen. Sie beginnen mit einer interessanten Einleitung und anschließend präsentieren Sie Ihre geplanten Abschnitte souverän und überzeugend, einen nach dem anderen.

Sie sprechen klar und sicher und Sie drücken sich bildhaft und verständlich aus. Da Sie sich die wichtigsten Punkte vorab mithilfe der Zahlensymbole eingeprägt haben, benötigen Sie kaum einen Blick in Ihr Manuskript und Sie vergessen auch keinen wichtigen Aspekt. Ihr Publikum hört Ihnen begeistert zu und Sie erreichen den Zweck Ihrer Rede voll und ganz.

Mit dieser Methode des inneren Voraberlebens bauen Sie Ihre Motivation auf und schaffen sich im Voraus ein Flair von Souveränität und Erfolg.

Mentaltraining im Sport

Viele berühmte Spitzensportler nutzen dieses „mentale Training" inzwischen genauso intensiv wie das körperliche. Sie ziehen sich immer wieder zurück, um sich in Ruhe zu entspannen. Sie versetzen sich dann in ihrer Vorstellung in die Wettkampfsituation und malen sich in allen Details aus, wie sie anschließend ihre Leistung erbringen werden.

Beispiel: Ein imaginäres Skirennen

Einige Minuten vor Beginn des Rennens entspannt sich die Abfahrtsläuferin mithilfe einer ihr vertrauten Methode und begibt sich in ihrer Fantasie an den Start. Sie konzentriert sich in Gedanken darauf, genau mit dem Startsignal loszuschießen, und in ihrem inneren Film sieht sie sich die Strecke absolut perfekt hinunterfahren. Jede kleinste Kurve fährt sie im optimalen Bogen, so wie sie es tausendmal geübt hat, und zum Schluss sieht sie sich ins Ziel einfahren und alle Zuschauer reißen begeistert die Arme hoch: Sie hat die Bestzeit erreicht!

Gedächtnisblockaden abbauen

Sicherlich haben Sie aus diesem Kapitel einige Hinweise erhalten, woran es liegen kann, wenn Ihre geistigen Fähigkeiten bezüglich Gedächtnis und Konzentrationsvermögen nicht immer vollständig zur Verfügung stehen. Nicht umsonst sprechen wir oft davon, „blockiert" zu sein, etwa wenn uns ein Name trotz noch so langen Nachdenkens nicht einfallen will. Manchmal haben wir sogar über längere Zeit das Gefühl, nur mit halber Kraft an einer Sache zu arbeiten – wir fühlen uns nicht „vollständig auf geistiger Höhe" oder sind einfach erschöpft.

In der folgenden Checkliste finden Sie Wege aufgelistet, die Ihnen helfen können, solche Blockaden zu umgehen oder aufzulösen:

Checkliste: Gedächtnisblockaden abbauen

- Überlegen Sie sich, wie Sie Stressfaktoren, etwa am Arbeitsplatz, abbauen können:
  - Können Sie z. B. bestimmte Aufgaben delegieren?
  - Gibt es bestimmte Stressoren, die Ihre Konzentrationsfähigkeit einschränken (Lärm, „Mitrauchen" usw.)?
- Versuchen Sie durch eine gute Planung Ihrer Aufgaben, Stress von vornherein zu vermeiden.
- Prüfen Sie, ob Sie sich nicht zu viel auf einmal vorgenommen haben.
- Setzen Sie Prioritäten!
- Gestehen Sie sich (und anderen) Fehler zu.
- Setzen Sie sich nicht selbst unter Druck.
- Belohnen Sie sich selbst.
- Motivieren Sie sich immer wieder neu, indem Sie sich z. B. Ihre Erfolge vergegenwärtigen.
- Gehen Sie interessanten Tätigkeiten nach. Überlegen Sie auch, wo Ihre Stärken liegen.
- Versuchen Sie regelmäßig zu entspannen.
- Stellen Sie einen Ausgleich zu ihren geistigen Tätigkeiten her (auf körperlicher und/oder seelischer Ebene).
- Achten Sie nach Möglichkeit auf eine gesunde Lebensweise, insbesondere auf eine ausgewogene Ernährung.

Die Konzentrationsfähigkeit steigern

Bei den bislang absolvierten Übungen zum Gedächtnistraining haben Sie sicherlich festgestellt, dass Sie am schnellsten erfolgreich sind, wenn Sie sich voll und ganz auf die jeweilige Aufgabe konzentrieren. Je weniger Ihre Gedanken abschweifen, umso besser können Sie sich wichtige Dinge einprägen und umso zuverlässiger werden Sie sich später daran erinnern.

In diesem Kapitel lernen Sie wie Sie

- Ihre Konzentration steuern (S. 88),
- sich Ziele setzen (S. 91),
- sich motivieren können (S. 100).

Die Aufmerksamkeit steuern

Eine gute Konzentrationsfähigkeit ist die wichtigste Voraussetzung für rasches effektives Arbeiten. Diese Steuerung der
Aufmerksamkeit haben Sie bereits intensiv geübt, indem Sie
Ihre Konzentration genau auf die Punkte richteten, die Sie
sich einprägen wollten.

Übung: Wie gut können Sie sich konzentrieren?

Versuchen Sie einmal fünf Minuten lang Ihre Gedanken zu
beobachten. Dabei sollen Sie nicht steuern, an was Sie jeweils denken, sondern lediglich den Weg **verfolgen**, den Ihre
Gedankengänge nehmen.

Wenn Sie diese Übung ab und zu wiederholen, werden Sie
sich daran gewöhnen, achtsamer mit Ihren Gedanken umzugehen. Außerdem wird es Ihnen schon bald automatisch
leichter fallen, Ihre Überlegungen gezielt in eine bestimmte
Richtung zu lenken – und das ist die beste Grundlage für eine
gute Konzentrationsfähigkeit.

Im Alltag die Konzentration schulen

Im Alltag gibt es Dutzende von Möglichkeiten, die Konzentration zu schulen. Das können die banalsten Routinetätigkei-
ten sein: Wenn es Ihnen überhaupt schwer fällt, sich auf
diese Aufgabe zu konzentrieren, dann nehmen Sie sich vor,
sie innerhalb einer bestimmten Zeit und so gut wie möglich
zu erledigen. Allein dadurch, dass Sie dann präziser und

schneller als sonst arbeiten, werden Sie sich automatisch auch stärker und besser konzentrieren.

Solche alltäglichen Aufgaben sind z. B.:

- einen Brief schreiben
- ein Telefonat führen
- Unterlagen vorbereiten
- eine Besprechung durchführen
- einen Bericht verfassen usw.

Vermeiden Sie Störfaktoren!

Eine weitere wichtige Voraussetzung für das Gelingen der Konzentration ist, dass Sie potenzielle Störfaktoren

- überhaupt einmal als solche erkennen
- und in Zukunft nach Möglichkeit vermeiden.

Übung: Ablenkungen erkennen

Eine einfache Möglichkeit, Störfaktoren zu identifizieren, ist, sich alle Dinge zu notieren, die Sie von Ihrer Arbeit ablenken. Dabei können Sie folgendermaßen vorgehen:

Zum einen können Sie auflisten, welche Dinge Ihnen spontan einfallen, die Sie immer wieder von Ihrer konzentrierten Arbeit abhalten (z. B. das Telefon, die Kollegin, das Bedürfnis nach einer Tasse Kaffee und so weiter).

Zum anderen ist es hilfreich, wenn Sie sich einmal einen Tag lang ganz konkret bei der Arbeit beobachten und dabei immer wieder registrieren, warum Sie eine Aufgabe nicht konsequent und zügig bis zum Ende erledigen (können).

Mit diesen beiden Listen haben Sie eine aussagefähige Zusammenstellung Ihrer persönlichen Störfaktoren. Der nächste Schritt wird dann sein, dass Sie sich überlegen, wie Sie diese (äußeren und inneren) Elemente nacheinander eliminieren oder zumindest abschwächen können.

Beispiel: Störungen ausschalten

Das kann an Ihrem Arbeitsplatz etwa so aussehen:

Während einer wichtigen Arbeit stellen Sie das Telefon auf eine Kollegin um.

Sie genehmigen sich eine tägliche Kaffeepause zu einer festen Uhrzeit und lassen sich nicht spontan von einer Laune oder einem Kollegen dazu bewegen.

Sie nehmen sich ein bestimmtes Pensum vor, das Sie auch in der gegebenen Zeit bewältigen können, usw.

Schaffen Sie Unerledigtes vom Tisch!

Oftmals lassen wir uns dadurch von der Arbeit ablenken, dass im Hintergrund ein Berg unerledigter Dinge wartet: „Eigentlich müsste ich doch viel dringender dies oder das tun." Solche Gedanken hindern uns daran, die Tätigkeit, die wir im Moment verrichten wollen, konzentriert und effektiv zu erledigen. Was hilft?

Übung: Unerledigtes erledigen

Erstellen Sie eine Liste mit allen unerledigten Vorgängen, die Sie in der nächsten Zeit zu Ende bringen wollen. Anschließend nehmen Sie sich für jeden Tag mindestens einen der Punkte dieser Liste vor. Sie werden staunen, wie erfolgreich und schnell sich diese „Konzentrationsstörungen" beheben lassen!

Und wenn Sie wollen, prägen Sie sich diese Liste mithilfe der Zahlensymbole ein und haken im Laufe der Zeit in Ihrem Gedächtnis einen Punkt nach dem anderen als erledigt ab ...

> Der einfachste (und zugleich schwierigste) Weg, Ihre Gedanken zu steuern, ist: Sie tun alles, was Sie tun, mit 100%iger Aufmerksamkeit!

Setzen Sie sich Ziele!

In dem Moment, wo Sie sich auf etwas konzentrieren, haben Sie automatisch ein Ziel, das Sie mithilfe dieser Konzentration erreichen wollen. Das trifft im beruflichen Bereich genauso zu wie im privaten. Umgekehrt gilt natürlich auch: Wenn Sie ein bestimmtes Ziel erreichen wollen, tun Sie gut daran, Ihre Energien mit der größtmöglichen Konzentration auf dieses Ziel auszurichten: Zielverfolgung und Konzentration gehen sozusagen Hand in Hand.

Der erste Schritt zur Bündelung Ihrer Energien ist also, dass Sie sich klarmachen, was Sie erreichen wollen.

Übung: Was nehmen Sie sich vor?

Investieren Sie ein paar Minuten Zeit und überlegen Sie, was Sie alles im Laufe des (heutigen oder morgigen) Tages unbedingt erledigen wollen oder müssen. Schreiben Sie die einzelnen Punkte auf.

Diese Übung sollten Sie **täglich** machen, denn alleine dadurch, dass Sie darüber nachdenken, wozu Sie Ihre Zeit verwenden wollen, verhindern Sie die Zerstreuung Ihrer Gedankenenergien. Anhand der entstandenen Liste wird es Ihnen auch im Laufe des Tages leichter fallen, sich nicht ablenken zu lassen. Und wenn Sie die Punkte auf Ihrer Liste dann nach und nach erledigen, werden Sie bereits feststellen, dass Sie mit Ihren Energien viel schonender umgehen als zuvor und dass Sie lange nicht mehr so gestresst sind.

So bündeln Sie Ihre Kräfte

Gesammelte Energien können viel mehr leisten als zerstreute Kräfte. Denken Sie z. B. an ein Brennglas, das aus Sonnenstrahlen, die normalerweise sanft und angenehm sind, durch Bündelung ein heißes Feuer entfacht, oder an den Sommerregen, der sich auf dem Dach unmerklich verteilt, in der Rinne dann aber aufgesammelt wird und innerhalb kurzer Zeit die Regentonne füllt.

Genauso sollten Sie Ihre Kräfte sammeln und sich auf das Wesentliche konzentrieren. Dazu müssen Sie wissen, was Ihnen wichtig ist. Normalerweise haben wir meistens mehrere Ziele gleichzeitig, und unsere Energien streben in alle möglichen Richtungen. Es kann sogar vorkommen, dass sich manche Teilziele gegenseitig ausschließen. Deshalb müssen wir klare Prioritäten setzen.

Übung: Prioritäten setzen

Nehmen Sie sich die Liste aus der letzten Übung zur Hand und sortieren Sie die Punkte nach ihrer Wichtigkeit.

Beispiel: Ziele ordnen

 Wir zeigen Ihnen anhand der Erledigungsliste von S. 37, wie das aussehen kann. Wir hatten die folgenden Erledigungen:

Den Blumenstrauß für die Sekretärin besorgen, den Vertretertermin verschieben, den Kopierer zur Reparatur bringen, die Konferenzunterlagen mit dem Kollegen absprechen, die Begrüßungsansprache für die Lehrlinge halten, den Betriebsausflug organisieren, den Hausmeister auf die defekte Glühbirne ansprechen, den Personal-Einsatzplan kontrollieren, den Tisch für das Geschäftsessen reservieren lassen und schließlich den Chef um einen Besprechungstermin bitten.

Ihre Prioritätenliste kann nun folgendermaßen aussehen:

1 Die Begrüßungsansprache ist zunächst der wichtigste Punkt, weil es sich hier um einen festgesetzten Termin handelt, an dem noch andere Personen beteiligt sind.

2 Für die Vorbereitung der Konferenzunterlagen verabreden Sie sich mit dem Kollegen nach dieser Ansprache.

3 Den Kopierer werden Sie in der Mittagspause mitnehmen, da können Sie auf dem Rückweg auch noch bequem den Blumenstrauß besorgen.

4 Die Telefonate mit dem Vertreter, dem Hausmeister und dem Restaurant sowie die Kontrolle des Personalplans delegieren Sie an Ihre Sekretärin.

5 Nun brauchen Sie nur noch Ihren Chef wegen des Termins zu fragen und sich beim Reisebüro nach Möglichkeiten für den Betriebsausflug zu erkundigen.

Und schon ist die Liste, die zuvor nach einem Riesenberg Arbeit aussah, auf ein überschaubares Pensum zusammengeschrumpft. Durch diese Konzentration auf die wichtigsten Arbeiten sparen Sie immer wieder viel Zeit und Energien ein.

Merken + Sortieren = Ziele setzen

Hier haben wir ein überzeugendes Beispiel dafür, wie das geschulte Gedächtnis und die Konzentrationsfähigkeit Hand in Hand arbeiten:

- Zunächst funktioniert das Einprägen von wichtigen Punkten natürlich umso besser, je intensiver Sie sich dabei auf Ihre bildhaften Vorstellungen konzentrieren können.

- Im nächsten Schritt sortieren Sie die erinnerten Aufgaben nach ihrer Wichtigkeit und setzen Prioritäten, damit Sie Ihre Konzentrationskräfte nicht unnötig zerstreuen.

- Die so entstandenen Ziele setzen Sie anschließend zügig und konzentriert um.

Diese Umsetzung können Sie noch dadurch unterstützen, dass Sie sich vor Ihrem inneren Auge ein klares **Bild** von dem zu erreichenden Ziel machen. Bei unserem Gedächtnistraining haben Sie ja bereits gelernt, alle möglichen Dinge in lebhafte Fantasiebilder umzusetzen. Diese Fähigkeit ist noch weitreichender und wichtiger als das Gedächtnistraining an sich; sie lässt sich immer wieder vielseitig einsetzen und ist Ihnen auch an dieser Stelle von großem Nutzen.

Kreieren Sie Zielbilder!

Je genauer Sie sich vorstellen können, wie das Ziel aussieht, das Sie erreichen wollen, umso eher können Sie (oder Ihr Unterbewusstsein) die nötigen Schritte unternehmen, die Sie auf Ihrem Weg dorthin voranbringen. Indem Sie sich auch innerlich durch bildhaftes Denken auf ein Ziel einstellen, wecken Sie Ihre „Antennen" für alles, was damit in irgendeiner Form zusammenhängt.

Beispiel: Das neue Auto

 Stellen Sie sich vor, Ihr Partner oder Ihre Partnerin möchte sich in Kürze ein neues Auto kaufen und seine oder ihre Wahl ist auf einen knallroten Kleinwagen gefallen. Was meinen Sie, wie viele rote Kleinwagen Sie auf einmal in der Stadt entdecken werden! Das liegt aber nicht daran, dass plötzlich so viel mehr verkauft wurden, sondern es liegt an Ihnen: Sie haben Ihre Wahrnehmung darauf konzentriert, weil Ihnen rote Kleinwagen im Moment aus einem besonderen Grund wichtig sind.

Und genauso gehen Sie vor, was Ihre Ziele betrifft: Sie machen sich ein inneres Bild und richten Ihre Konzentration darauf.

Übung: Zielbilder schaffen

Erstellen Sie eine Liste der Wünsche, die Sie in den nächsten vier Wochen (privat oder beruflich) umsetzen wollen.

Sortieren Sie diese Liste nach der Wichtigkeit und formulieren Sie die drei größten Wünsche als Ziele.

Nehmen Sie sich für jedes Ziel etwa fünf Minuten Zeit, schließen Sie die Augen und malen Sie in Ihrer Fantasie ein

Bild. Stellen Sie sich so detailliert wie möglich vor, wie es aussehen wird, wenn Sie dieses Ziel erreicht haben.

Wenn Sie so konzentriert vorgehen, vermeiden Sie auch die Unverbindlichkeit der vagen Wünsche: „Irgendwann werde ich ..." oder „Irgendwann möchte ich ..." sind unbestimmte Vorhaben, aber nicht die nötigen Wegweiser, die Ihnen den Weg zu Ihrem Ziel klar und deutlich aufzeigen. Wenn Sie sich dagegen mit all Ihrer geübten Fantasie vorstellen, wie Sie Ihr Ziel eines Tages erreichen, dann haben Sie den halben Weg bereits hinter sich!

Die Konzentration „sinnlich" intensivieren

Sehen, hören, fühlen

Wie Sie es beim Gedächtnistraining schon praktiziert haben, können Sie Ihre Konzentrationskraft deutlich verstärken, indem Sie sich bewusst mit mehreren Sinnen gleichzeitig konzentrieren.

Beispiel: Vokabeln lernen

Wenn Sie die Wörter einer neuen Sprache lernen, geschieht das oftmals auf mehreren Ebenen parallel:

Sie *hören,* wie die Wörter ausgesprochen werden,

Sie *sehen* im Buch, wie man sie schreibt,

und meistens *schreiben* Sie sie auch selbst noch einmal ab (*„fühlen"*).

Durch diese Arbeit auf drei Sinnesebenen (Sehen, Hören, Fühlen) fällt Ihnen das Lernen von neuem Stoff deutlich leichter, weil die verschiedenen Eindrücke ineinander greifen und sich ergänzen. Das nutzen wir auch zur gezielten Schulung der Konzentration.

Übung: Konzentration mit den fünf Sinnen

Stellen Sie sich vor, Sie sitzen am Meeresstrand in der Sonne. Schließen Sie Ihre Augen, und lassen Sie in Ihrem Innern ein Bild entstehen, das Sie mit all Ihren Sinnen ausschmücken:

1 Sehen Sie das blaue Meer, die Schiffe draußen am Horizont, die Wasservögel, die ihre Kreise ziehen.

2 Hören Sie das Plätschern der Wellen, die am Ufer auslaufen, das Kreischen der Vögel, das leise Säuseln des Windes …

3 Spüren Sie die kühle Brise, die vom Meer her weht und immer wieder über Sie hinwegstreicht, spüren Sie genauso die wärmende Kraft der Sonnenstrahlen, die Sie umfängt. Fühlen Sie auch den körnigen warmen Sand unter Ihren Fingern und den Boden, auf dem Sie sitzen.

4 Riechen Sie den typischen Geruch des Meeres. Welche Gerüche nehmen Sie darüber hinaus noch wahr?

5 Was schmecken Sie? Setzen Sie Ihre Fantasie ein!

Konzentrieren Sie sich zunächst darauf, wirklich nur den einen vorgeschlagenen Sinn zu üben. Das heißt, wenn Sie das Meer vor sich sehen, schalten Sie zunächst die Geräusche aus, wenn Sie den Sand unter den Händen spüren, sehen Sie nicht gleichzeitig aufs Wasser hinaus und so weiter.

Üben Sie die Sinne so lange einzeln, bis es Ihnen gelingt, sich jeweils etwa drei bis vier Minuten lang zu konzentrieren. Erst danach sollten Sie weiter machen und in Ihrer Vorstellung zwei oder mehr Sinne miteinander verbinden.

Übung: Die Sinne kombinieren

Verbinden Sie in beliebiger Kombination zunächst zwei, später drei, vier und schließlich alle fünf Sinneseindrücke in Ihrem Vorstellungsbild zu einem harmonischen Gesamteindruck.

Das kann etwa folgendermaßen aussehen:

1 Sehen und hören Sie das Meer.
2 Fühlen Sie Sand und Sonne und riechen (schmecken) Sie gleichzeitig die würzig-salzige Meeresluft.
3 Hören, fühlen und schmecken Sie zunächst, ohne gleichzeitig auch etwas zu sehen, usw.

Wenn Sie schließlich den Eindruck haben, dass Sie mit allen Sinnen gleichmäßig intensiv wahrnehmen, dann fügen Sie sie zu einer einzigen Wahrnehmung zusammen.

Üben Sie regelmäßig!

Sicherlich fällt Ihnen die Konzentration mit manchen Sinnen grundsätzlich leichter als mit anderen. Vor allem Sehen und Hören sind in unserem Alltag am meisten gefordert und entsprechend ausgeprägt. Doch durch beharrliches Üben wird es Ihnen gelingen, Ihre Wahrnehmungsfähigkeit über alle fünf Sinneskanäle in ein ausgewogenes Gleichgewicht zu bringen. Denn je gleichmäßiger Sie bei der Konzentration auf eine Tätigkeit alle Sinne einsetzen können, umso leichter werden Ihre Gedanken bei diesem Thema bleiben.

Mit allen fünf Sinnen durch den Alltag

Viele Tätigkeiten, die im Alltag anfallen, können Sie ebenfalls konzentriert und effektiv erledigen, indem Sie mit mehreren Sinnen daran arbeiten.

Tipps für „sinnliches" Arbeiten:

- Halten Sie wichtige Ideen schriftlich fest (sehen, fühlen)
- oder machen Sie sich eine kleine Skizze (sehen, fühlen).
- Sprechen Sie mit anderen über Ihre Vorstellungen (hören).
- Wie geht es Ihnen, was fühlen Sie, wenn Sie dabei auf Zustimmung oder sogar Kritik stoßen?
- Wie „fühlt" sich diese Idee dann an?
- Und nach wie vor setzen Sie natürlich Ihre fünf Sinne immer dann bewusst ein, wenn Sie sich etwas Wichtiges zuverlässig merken wollen.

Gewöhnen Sie sich an alles, was Sie tun, im Hinblick auf die Sinnesempfindungen zu hinterfragen: Wie sieht „es" aus, hört und fühlt „es" sich an, wie riecht oder schmeckt „es"?

> Indem Sie möglichst viele Ihrer Sinne bewusst miteinander kombinieren, werden Sie Ihre Konzentrationsfähigkeit mit der Zeit deutlich erweitern.

Nutzen Sie die Kraft Ihres Unterbewusstseins

Das Arbeiten mit Vorstellungsbildern und sinnlichen Eindrücken spricht die Ebene des Unterbewussten stark an. In Ihren inneren Bildern drückt sich Ihre Fantasie und Kreativität intensiv aus. Gleichzeitig setzt Ihr Unterbewusstsein diese Bilder für sich um und unterstützt Sie auf seine Weise Ihren Zielen näher zu kommen. Sicherlich haben Sie es auch schon einmal erlebt, dass sich in einer wichtigen Frage die Lösung eines Tages wie von selbst auftat, ohne das Sie gerade in diesem Augenblick damit gerechnet hätten.

Diese Resonanz Ihres Unterbewusstseins können Sie für sich nutzen, indem Sie sich wichtige Vorgänge, Aufgaben oder Ziele in Ihrem Leben so bildhaft wie möglich ausmalen und in dieser Bildhaftigkeit Ihr Unterbewusstsein ganz gezielt ansprechen. Je mehr Sinneskanäle Ihnen dabei zur Verfügung stehen, umso leichter wird es Ihnen fallen, sich mit diesen Themen in fantasievollen inneren Bildern zu befassen.

> Je mehr Sie sich auf Ihre fünf Sinne verlassen können, umso souveräner, schneller und besser werden Sie Ihre Ziele erreichen.

Motivation fördert den Erfolg

Bei Themen, die Sie innerlich bewegen oder die aus irgendeinem Grund für Sie von Bedeutung sind, fällt es Ihnen sicherlich sehr leicht, bei der Sache zu bleiben. Hier sind Sie von vornherein so motiviert, dass Sie ganz von alleine auch konzentriert sind. Das bedeutet, dass Ihre positive innere Einstellung eine weitere wichtige Voraussetzung für das Gelingen Ihrer Konzentration ist.

Übung: Was motiviert Sie?

Beobachten Sie einmal über einen längeren Zeitraum hinweg, wo Sie motiviert sind. Bei welchen Tätigkeiten oder Gesprächsthemen bleiben Sie vertieft bei der Sache? Was interessiert Sie? Am besten nehmen Sie sich etwa zwei Wochen lang jeden Abend fünf Minuten Zeit und reflektieren Sie den vergangenen Tag. Notieren Sie alles, was Ihnen in diesem Zusammenhang einfällt!

Vielleicht erkennen Sie ja in der so entstehenden Aufzählung Regelmäßigkeiten, die Sie für sich auswerten können, sei es, dass Sie sich zu einer bestimmten Tageszeit grundsätzlich besser konzentrieren können, sei es, dass Sie bei manchen Tätigkeiten nicht die geringsten Konzentrationsstörungen erleben. Setzen Sie an diesen Punkten an und nutzen Sie die sowieso schon vorhandenen Energien, um hier noch effektiver und besser zu arbeiten.

Gute Laune unterstützt die Konzentration

Sicherlich ist es Ihnen auch schon aufgefallen, dass Sie sich viel besser konzentrieren können, wenn Sie ausgeruht und „gut drauf" sind. Gerade bei größeren Vorhaben ist es besonders wichtig, mit allen verfügbaren Kräften ans Werk zu gehen. Was können Sie nun tun, wenn es Ihnen einmal gar nicht besonders gut geht? Erinnern Sie sich an frühere Erfolge! Dabei hilft Ihnen die folgende Übung.

Übung: Unbescheiden sein

Erstellen Sie eine Liste mit Tätigkeiten, die Sie in der Vergangenheit Ihrer Meinung nach mit großem Erfolg ausgeführt haben, notieren Sie Ergebnisse, auf die Sie stolz sind. Gehen Sie dabei ohne falsche Bescheidenheit ans Werk; es kommt alleine darauf an, was Sie an sich selbst als erfolgreich einschätzen.

Konzentrieren Sie sich anschließend auf Ihren allergrößten Erfolg: Schließen Sie die Augen, und stellen Sie sich die Situation mit allen fünf Sinnen noch einmal vor. Sehen, hören, spüren, riechen und schmecken Sie all das, was diese Situation damals ausgemacht hat. Erleben Sie den großen Erfolg in Ihrer Vorstellung noch einmal, so intensiv wie Sie nur können.

Was bewirkt diese Übung?

Bei einer solchen inneren Wiederholung von Erfolgserlebnissen entstehen automatisch die Motivation und die Willenskraft, diese Empfindungen aufs Neue möglich zu machen und zu erleben. Sie nutzen die „good vibrations" der Vergangenheit als Motivationsfaktor, der Ihnen hilft, die jetzt benötigte Motivation und infolge auch die Konzentration aufzubringen.

Stärken stärken

Grundsätzlich ist es einfacher, dort mit dem Üben zu beginnen, wo Sie Ihre Stärken haben: „Stärken stärken schwächt

Schwächen." Wenn Sie nun zunächst Ihre vorhandenen Stärken weiter ausbauen, haben Sie deutlichere Erfolge, als wenn Sie an den Schwächen ansetzen; und so manche vermeintliche „Schwäche" können Sie im Laufe der Zeit durch Konzentration auf Ihre positiven Eigenschaften mehr als wettmachen.

Je genauer Sie also wissen, worin Ihre persönlichen Stärken liegen, umso gezielter können Sie sie einsetzen.

Übung: Welches sind Ihre herausragenden Eigenschaften?

Nehmen Sie sich eine Viertelstunde Zeit und überlegen Sie (und notieren Sie!), welches die Eigenschaften sind, von denen Sie in Ihrem Leben bisher am meisten profitiert haben. Können Sie sich vorstellen, diese Stärken in Zukunft noch bewusster und gezielter einzusetzen?

Wenn Sie das nächste Mal vor einer schwierigen Aufgabe stehen, denken Sie an Ihre Stärken. Erinnern Sie sich, wie viele ähnliche Situationen Sie in Ihrem Leben bereits bewältigt haben. Wenn Sie zuversichtlich und im Vertrauen auf Ihre ganz persönlichen inneren Kräfte an eine neue Herausforderung herangehen, wird sich die nötige Konzentration wie von selbst einstellen!

Motiviert sein heißt konzentriert sein

All die Themen, für die Sie in Ihrem Leben stark motiviert sind, ziehen die nötige Konzentration automatisch nach sich. Denn Sie widmen den Aspekten, die Ihnen wichtig sind, von selbst genügend Aufmerksamkeit. Solche Aspekte sind z. B.:

- große Ziele (materieller oder ideeller Art)

- persönliche Lebensthemen (Aus- oder Weiterbildung, innere Entwicklung)

- das soziale Umfeld (Familie und Freunde)

- alles, was Sie innerlich berührt

Aus der inneren Motivation und Aufmerksamkeit für eine aktuelle Aufgabe entsteht die gedanklich-bildhafte Umsetzung.

> Erleben Sie in Ihrer Fantasie den angestrebten Erfolg vorweg, und das innere Erleben wird die zur Umsetzung benötigte Konzentration fördern.

Mit Fantasie zu mehr Erfolg

Über das eigentliche Gedächtnistraining hinaus können Sie durch den bewussten Einsatz der Fantasie noch viel mehr bewirken, als sich an Zahlen, Daten und Fakten zu erinnern.

In diesem Kapitel erfahren Sie wie Sie mithilfe Ihres Vorstellungsvermögens Ihre Gedächtnis- und Konzentrationsleistung optimieren.

Noch einfacher Probleme lösen

Die Fähigkeit, lebendige und individuelle Visualisierungen zu kreieren, hilft Ihnen auf den verschiedensten Gebieten in Zukunft noch erfolgreicher zu werden. So entfaltet das Gedächtnistraining eine stärkere Wirkung, sobald es mit anderen Aufgaben verbunden und in unterschiedlichen Lebensbereichen praktisch eingesetzt wird. Das können z. B. folgende Kombinationen sein:

- Gedächtnis und Zeitplanung
- Gedächtnis und Flexibilität
- Gedächtnis und Mitarbeiterführung
- Gedächtnis und Wissen
- Gedächtnis und Lösungs-Findungs-Denken usw.

Machen Sie sich klar, dass sich viele Charaktereigenschaften, die latent in Ihnen schlummern, durch den aktiven Einsatz von Fantasie in jederzeit verfügbare Fähigkeiten verwandeln lassen. Erst wenn Sie Gelerntes praktisch anwenden und fantasievoll in die alltäglichen Abläufe integrieren, kann es seine umfassende Wirkung entfalten.

Zum Beispiel: Gedächtnis und Mitarbeiterführung

Mit einem guten Gedächtnis brauchen Sie vieles, was Ihre Mitarbeiter betrifft, nicht erst mühsam in Ihren Unterlagen nachzuschlagen, sondern Sie haben es abrufbereit im Kopf, z. B. wer in welcher Abteilung arbeitet, wie hoch das Gehalt von Herrn Müller ist, wie viele Überstunden Frau Meier im letzten Monat gemacht hat, wer den praktischen Verbesserungsvorschlag für die Versandabteilung gemacht hat usw.

So können Sie im Gespräch mit Ihren Angestellten oder Mitarbeitern ruhig und spontan reagieren, denn Sie haben die nötigen Daten und Zahlen im Kopf und machen jederzeit einen sicheren Eindruck.

Fantasie fördert die Kreativität

In Ihrer Vorstellung können Sie Informationen zueinander in Beziehung setzen, die ursprünglich gar nichts miteinander zu tun haben. So erkennen Sie immer wieder neue Zusammenhänge und Chancen. Dieser Weg bietet sich z. B. an, wenn es darum geht, eine Lösungsmöglichkeit für ein Problem zu erarbeiten. Lassen Sie auf Ihrer inneren Leinwand einen detaillierten Film ablaufen, in dem die verschiedensten Zusammenhänge aufblitzen und der in allen Details veränderbar ist. Es werden sich oftmals ungewohnte Perspektiven auftun, in denen Sie neue Lösungsansätze erkennen.

Übung: Eine kreative Lösung finden

Stellen Sie sich vor, Sie sollen für Ihren Chef die diesjährige Weihnachtspost an die Stammkunden erledigen und es soll etwas ganz Besonderes sein. Lassen Sie Ihre Fantasie spielen und erfinden Sie mindestens fünf „ver-rückte" Versionen (die Ihr logischer Verstand normalerweise als undurchführbar ablehnen würde).

Beispiel: Die etwas andere Weihnachtspost

Sie schicken den Kunden zusammen mit der Karte einen Gutschein für ein Mittagessen in Ihrer Betriebskantine.

Sie schreiben keine Grüße auf, sondern zeichnen oder stempeln einfach ein paar weihnachtliche Symbole auf das Papier.

Sie suchen sich Karten aus, auf denen ein bunter Sommerblumenstrauß abgebildet ist.

Sie verschicken anstelle der Weihnachtskarten Kinogutscheine, auf denen am Rand ganz klein noch Weihnachtsgrüße geschrieben sind.

Sie schicken keine Karte, sondern lediglich ein Fax und wünschen „Gesegnete Weihnachten", „Frohe Ostern" und „Schöne Ferien" gleichzeitig.

Auch Sie können sich solche kuriosen Möglichkeiten ausdenken, wenn Sie dabei Ihren Verstand einmal völlig beiseite lassen. Trauen Sie sich, steigen Sie ein in die Welt Ihrer Fantasie. Sie werden staunen, welche kreativen Varianten da zum Vorschein kommen. Und vielleicht ist ja die zündende Idee dabei, die sich praktizieren lässt und gleichzeitig etwas ganz Besonderes darstellt.

Das Spitzengedächtnis erreichen

Sie haben nun im Laufe des Buchs festgestellt, dass Sie mit Ihrem fantasievollen Bilderdenken noch viel mehr unternehmen können, als ursprünglich ersichtlich war. Hier kommen wir noch einmal auf das ursprüngliche Gedächtnistraining zurück.

Übung: Erinnern Sie sich an die Symbole?

Zeichnen Sie aus dem Gedächtnis alle zwanzig Symbole auf ein Blatt Papier, ohne im Buch nachzuschlagen.

Falls Sie nicht mehr ganz sicher waren, hilft Ihnen ein einfacher Trick: Kopieren Sie sich die Symbole und hängen Sie sie an einem zentralen Ort auf, z. B. über den Schreibtisch oder neben den Badezimmerspiegel. Je öfter Ihr Blick im Laufe des Tages darauf fällt, umso schneller werden Sie alle Symbole wie im Schlaf beherrschen.

Indem Sie nach wie vor konsequent weiter üben und vor allem im Alltag jede Situation nutzen, können Sie Ihr Gedächtnis bis hin zu wahren Spitzenleistungen trainieren.

1. Stufe: Das Blitzlicht- oder Fotogedächtnis

Für den normalen Alltagsgebrauch reicht es aus, wenn Sie Ihr Gedächtnis zu einem „Fotogedächtnis" entwickeln: Sie schießen in Gedanken ein Foto von der Situation oder Gegebenheit, die Sie sich merken wollen, und dem dazu passenden Zahlensymbol. Diese Technik eignet sich vor allem dann, wenn die Informationen sehr schnell aufeinander folgen, wie etwa bei den Nachrichten.

Je mehr Sie üben, umso mehr Details werden Sie automatisch mit abspeichern; Ihre Bilder werden aussagekräftiger und interessanter.

Übung: Den morgigen Tag planen I

Überlegen Sie, was Sie morgen alles erledigen müssen, und notieren Sie mindestens acht Punkte. Diese prägen Sie sich in lustigen Bildern ein.

> Bei der Fototechnik reihen Sie eine Serie von statischen Einzelbildern hintereinander. Ihre Abrufbarkeit ist durch die Reihenfolge der Zahlensymbole gewährleistet.

2. Stufe: Das Movie-Gedächtnis

Hier kommt deutlich Bewegung ins Spiel: Sie lassen in Ihrem Inneren ein Geschehen ablaufen, gestalten in Ihrer Vorstellung eine bestimmte Handlung, drehen sozusagen Ihren eigenen Fantasiefilm.

Durch die Bewegung in Ihrem inneren Film wird eine Verbindung zwischen den einzelnen Symbolen und den damit verknüpften Fakten geschaffen, die das spätere Erinnern noch mehr erleichtert: Jeder Punkt geht schon automatisch aus dem jeweils vorangegangenen hervor, sodass die Geschichte schon fast wie von selbst vor Ihrem inneren Auge abläuft.

Übung: Den morgigen Tag planen II

Nehmen Sie die gleiche Liste wie oben und verbinden Sie Ihre Einzelbilder jetzt zu einer kuriosen, lebendigen Handlungskette.

Auf dieser Stufe sind Sie der Regisseur des Geschehens, der die Szenen von außen gestaltet, ohne selbst einzugreifen. Sie werden feststellen, dass Sie in diesen Bildern und Handlungen viel mehr Informationen gleichzeitig übermitteln können als durch Worte oder Sätze.

3. Stufe: Das „3D-Gedächtnis"

Nun spielen Sie in diesem Film selbst mit. Indem Sie ein Teil der Handlung werden, stehen Sie mitten im Geschehen und erleben alles hautnah von innen, in „3D". Sie dürfen mit allen Möglichkeiten spielen: Sie gestalten Ihren eigenen Film mit all den Ideen, die Ihnen dazu einfallen. Sie erschaffen in Ihrer Fantasie dreidimensionale Universen, in denen alles möglich ist. Sie vergrößern oder verkleinern Ihre Szenen, fügen Farben, Formen, Gestalten hinzu. Auf dieser Stufe kommen auch die Empfindungen der fünf Sinne mit ins Spiel.

Übung: Den morgigen Tag planen III

Sie dürfen jetzt die Geschichte, mit der Sie sich die Punkte Ihrer Liste vorhin eingeprägt haben, noch weiter ausgestalten. Seien Sie mutig: Ändern Sie Raum, Zeit, Umstände, Bewegungen, Farben und Formen. Ihrer Experimentierfreude sind keine Grenzen gesetzt. Nehmen Sie genau wahr, was Sie sehen, hören und erleben, und wie Sie sich jeweils fühlen. Auch hier gilt wieder: Je kurioser Sie diesen inneren Film gestalten, umso mehr Details werden Ihnen im Gedächtnis haften bleiben.

Hier ist der Übergang zur Konzentrationsübung fließend: Indem Sie sich auf diese Fantasiereise konzentrieren, verstärken Sie einerseits die Intensität der Verknüpfungen, sodass

Sie noch größere Sicherheit gewinnen, was die Abrufbarkeit der einzelnen Punkte angeht.

Andererseits können Sie, wie im letzten Kapitel beschrieben, solche selbst gestalteten Reisen auch hervorragend dazu nutzen, um Ihre inneren Batterien wieder aufzuladen.

4. Stufe: Noch mehr Tempo

Dass Sie schneller werden, wird sich ganz von selbst ergeben, je regelmäßiger Sie Ihr Gedächtnis trainieren. Sehr gut üben lässt sich die Geschwindigkeit im Abspeichern über die Blitzlichtmethode (S. 46). Schließlich sollten Sie so schnell sein, dass Ihnen eine innere Momentaufnahme (wie mit einem echten Fotoapparat) genügt, damit Sie sich die Situation zuverlässig einprägen.

Die Geschwindigkeit lässt sich dann übertragen auf das Movie- und das 3D-Gedächtnis; doch Sie sollten anfangs darauf achten, dass eine Steigerung des Tempos nicht auf Kosten der im Bild bzw. der Handlung mitgespeicherten Details geht.

Fantasie und Konzentration verbinden

Mit der Verbindung aus Fantasie und Konzentration können Sie sich in Gedanken in jede nur vorstellbare Situation hineinversetzen. Sie werten Ihre Erinnerungen, Erfahrungen und alltäglichen Erlebnisse zielgerichtet aus und nutzen dieses Potenzial für Ihr künftiges Verhalten.

Setzen Sie Ihre Fantasie nicht nur mit dem Ziel ein, schwierige berufliche Aufgaben zu meistern, sondern auch im ganz normalen Alltag. Nutzen Sie Ihre lebendige Vorstellungskraft, die Sie während der Übungen zum Gedächtnistraining so intensiv entwickelt haben, um Ihre geistigen Reserven regelmäßig nachzutanken und immer wieder mit frischen Kräften und neuer Motivation an Ihre Aufgaben zu gehen.

> Je intensiver Sie Ihre Fantasie einsetzen (und dafür ist unser Gedächtnistraining das optimale Übungsfeld!), umso spielerischer und effektiver trainieren Sie gleichzeitig Ihre Konzentration.

Erbauen Sie sich eine „innere Tankstelle"!

Ihr Unterbewusstsein macht keinen Unterschied, ob Sie eine Situation in der Realität erleben oder „nur" in der Fantasie. Deshalb können Sie bestimmte Empfindungen mit etwas Geduld wie auf Knopfdruck abrufen. Dieses wissenschaftlich bewiesene Phänomen lässt sich gezielt einsetzen, um innere Kraft- und Motivationsreserven aufzubauen.

Erster Schritt: Kraft aus der Vergangenheit schöpfen

Sie können sich in Gedanken jederzeit in Ihre Vergangenheit versetzen und dank Ihrer Vorstellungskraft jede beliebige Situation von damals, die Sie als angenehm und erfolgreich empfanden, wieder erleben. Indem Sie sich mit allen fünf Sinnen auf das „Flair" dieser vergangenen Momente konzentrieren, entsteht auf der Gefühlsebene derselbe intensive Eindruck von Kraft und Erfolg wie damals.

Übung: Erfolge nachvollziehen

Erstellen Sie eine Liste von mindestens acht Situationen, in denen Sie nach Ihrer eigenen Einschätzung sehr erfolgreich waren. Wählen Sie die wichtigste Situation aus und nehmen Sie sich dann etwa zehn Minuten Zeit. Lassen Sie die Gedanken an den Alltag los und konzentrieren Sie sich auf die damalige Erfolgssituation:

Was haben Sie gesehen, gehört, gerochen oder geschmeckt? Und vor allem: Wie haben Sie sich in dieser Situation gefühlt? Halten Sie die wichtigsten Empfindungen ebenfalls schriftlich fest!

Wenn Sie diese Übung ab und zu wiederholen, wird sich in Ihnen das Gefühl deutlich verstärken, dass Sie das, was Sie sich vornehmen, auch erreichen können – schließlich sind Sie ja früher bereits erfolgreich gewesen.

Zweiter Schritt: Tägliche Kraftspender nutzen

Genauso wie Sie immer wieder aus vergangenen Erlebnissen neue Kraft und Motivation schöpfen, können Sie sich auch einmal genauer ansehen, von was Sie sich jeden Tag tragen lassen: Welches sind Ihre kleinen „Kraftspender" im Alltag? Was motiviert Sie, wovon lassen Sie sich inspirieren? Gehen Sie gerne spazieren oder nehmen Sie lieber ein heißes Bad? Hören Sie sich kunstvolle Opernarien an oder ziehen Sie entspannende Yoga-Übungen vor? Tun Sie regelmäßig etwas für sich, um im Alltag immer wieder neue Kräfte aufzutanken!

Übung: Was tun Sie für sich?

Finden Sie heraus, wo Ihre persönlichen „Alltagsoasen" liegen oder liegen könnten. Beobachten Sie sich während der nächsten ein oder zwei Wochen und notieren Sie, wie oft und in welcher Form Sie sich bewusst etwas Gutes gönnen.

Falls Sie nach drei Tagen noch nichts entdeckt haben, was Ihre inneren Kraftreserven nachfüllt, dann sorgen Sie dafür, dass Sie sich bewusst und möglichst bald die nötige Zeit dafür nehmen!

Durch solche Übungen wird Ihnen deutlich, womit Sie Ihre inneren Batterien aufladen. Diese Inspirationsquellen können Sie jetzt, wo sie Ihnen bewusst sind, noch viel gezielter einsetzen, um Ihre Energien aufzutanken:

- Sie können den Erholungseffekt direkt verstärken, indem Sie sich während des Schaumbads oder während des Spaziergangs darauf konzentrieren, die angenehmen Empfindungen auf alle fünf Sinne auszuweiten.
- Sie können eine solche Situation auch anschließend als Kraftquelle nutzen, indem Sie sich zu einem späteren Zeitpunkt in Ihrer Vorstellung noch einmal hineinbegeben und sie mit allen zugehörigen Empfindungen nachvollziehen.

Dritter Schritt: Sich für künftige Aufgaben stärken

Die selbst errichtete „innere Tankstelle" hilft Ihnen auch in Zukunft, die alltäglichen Herausforderungen jederzeit konzentriert und erfolgreich zu bestehen. Was stellt denn für Sie eine Herausforderung dar? Wo fühlen Sie sich unsicher? Der eine verliert vielleicht schon allen Mut, wenn er am nächsten Tag einen Termin beim Zahnarzt hat; ein anderer bekommt feuchte Hände, weil er eine Rede vor großem Publikum halten soll.

Übung: Was betrachten Sie als Herausforderung?

Überlegen Sie einmal, wo Ihre persönlichen Schwächen liegen. Notieren Sie mindestens sechs Tätigkeiten oder Ereignisse, die Ihnen sehr unangenehm sind, vor denen Sie vielleicht sogar regelrecht Angst haben. Sortieren Sie diese Punkte nach ihrer Bedeutung. Dann nehmen Sie sich wieder etwa zehn Minuten Zeit, entspannen sich und greifen sich die Situation heraus, die Ihnen am wenigsten angenehm ist (vielleicht ist es sogar ein Ereignis, das Ihnen in Kürze konkret bevorsteht).

Gehen Sie in Ihrer Fantasie in diese Situation hinein. Stellen Sie sich genau vor, wie Sie diesmal mutig, überzeugend und erfolgreich handeln werden. Konzentrieren Sie sich darauf, was Sie dabei fühlen werden: Kraft, Stolz, Souveränität, Erfolg usw. Halten Sie das Gedankenbild Ihres Erfolgs für ein paar Minuten fest.

Wenn diese Herausforderung sehr groß für Sie ist, dann wiederholen Sie diese Übung einige Male in zeitlichen Abständen. Sobald Sie dann die Situation das nächste Mal in der Realität erleben, werden Sie feststellen, dass sie Ihnen längst nicht mehr so unangenehm ist, wie Sie sie anfangs in Erinnerung hatten. Ihr Unterbewusstsein hat sich in der Zwischen-

zeit daran gewöhnt, anders als zuvor auf diese Herausforderung zu reagieren und souveräner damit umzugehen; Sie
haben sich durch Ihre Konzentrationskraft ein deutlich er-
folgreicheres Verhalten ermöglicht.

Wie Sie die perfekte Konzentration erreichen

Bei der Schulung Ihrer Konzentrationsfähigkeit geht es zum
einen darum, dass Sie lernen, sich im Laufe der Zeit immer
länger auf eine bestimmte Aufgabe zu konzentrieren. Zum
anderen spielt natürlich auch die Qualität der Konzentration,
die Sie an den Tag legen, eine wesentliche Rolle.

> Bei allem, was Sie gerne tun, ist die Qualität Ihrer Konzentration automa-
> tisch sehr hoch.

Gute Laune und Freude an einer Tätigkeit lassen so manche
Anstrengung in den Hintergrund treten. Deshalb sind Sie in
Ihrer Freizeit oftmals konzentriert, ohne dass Sie es so be-
zeichnen würden. Doch wie sieht es mit der Intensität und
Qualität Ihrer Konzentration im Alltag aus?

Die folgenden Punkte der Checkliste liefern wichtige Hinweise darauf, wie intensiv Ihre Konzentration gerade ist. Bei der
Beantwortung der Fragen wird schnell klar, woran es liegen
kann, dass Sie sich nicht optimal konzentrieren können. Im
Anschluss geben wir Ihnen daher einige Tipps, was Sie neben
unserem Training tun können, damit sich Ihre Konzentrationsfähigkeit entscheidend verbessert.

Checkliste: Welchen „Wert" hat Ihre Konzentration?

1 Sind Sie für Ihre Arbeit ausreichend motiviert?

2 Verrichten Sie sie gerne, aus eigenem Antrieb? Oder würden Sie lieber etwas ganz anderes tun?

3 Empfinden Sie Ihre Aufgaben als schwierig und anspruchsvoll?

4 Haben Sie bei Ihrer Arbeit eher gute oder eher schlechte Laune?

5 Wie reagieren Sie, wenn Ihnen etwas nicht gelingt?

Was können Sie verbessern?

1 Ein wichtiger Motivationsfaktor kann der finanzielle Anreiz sein. Wenn Sie wissen, dass Sie für einen bestimmten Auftrag viel Geld erhalten, gehen Sie mit einer anderen Einstellung an die Arbeit heran, als wenn sie zu den normalen und schlechter bezahlten Verpflichtungen gehört.

2 In Ihrem Traumberuf konzentrieren Sie sich verständlicherweise sehr viel leichter als in einem ungeliebten Job.

Je freiwilliger und überzeugter Sie etwas tun, umso höher ist die Qualität Ihrer Arbeit und natürlich auch Ihrer Konzentration.

3 Für ein wichtiges Verkaufsgespräch oder eine bedeutende Forschungsarbeit benötigen Sie eine intensivere Form der Konzentration als für Gartenpflege oder monotone Verrichtungen am Fließband. Dennoch ist entscheidend, ob Sie selbst Ihre Arbeit als schwierig einschätzen oder nicht. Denn für alles, was Sie sich selbst zutrauen, bringen Sie die besten Voraussetzungen und die beste Motivation mit und entsprechend können Sie sich auch besser konzentrieren.

4 Mit schlechter Laune fällt es Ihnen bestimmt nicht leicht, sich innerlich auf Ihre Tätigkeit einzustellen; deshalb ist es so wichtig, dass Sie für Ihre Arbeit möglichst optimal motiviert sind (denken Sie auch an Ihre „inneren Tankstellen"!).

5 Wenn Sie auch dann eine positive Einstellung bewahren können, wird Ihre Konzentrationsfähigkeit so leicht nichts beeinflussen.

Die vollendete Konzentration: (Vor)Liebe

Unter all diesen Aspekten ist die optimale Konzentration immer dann gegeben, wenn Sie sich für etwas sehr stark interessieren. Sei es, Sie üben Ihren absoluten Traumberuf aus, sei es, Sie sind frisch verliebt: In einer solchen Situation ist Ihnen keine Anstrengung zu schwierig, kein Einsatz zu hoch. Die optimale Motivation ist gegeben, Sie konzentrieren

sich ganz von selbst auf die geliebte Arbeit oder den gelieb-
ten Menschen und parallel mit der steigenden Qualität
wächst auch die Dauer der Zeit, während der Sie diesen Zustand höchster Konzentration halten können.

> Die höchste Form der Konzentration ist die Liebe.

Können Sie „nur sitzen"?

Wie sieht es aus, wenn Sie an Ihrem Schreibtisch sitzen?
Oder wenn Sie sich wirklich die Zeit für eine kleine Entspan-
nungspause nehmen und abschalten wollen? Gelingt es
Ihnen dann ohne weiteres, sich zu konzentrieren?

Übung: Nur dasitzen

Versuchen Sie einmal, eine Minute lang nur zu sitzen und an
nichts zu denken. An gar nichts.

Wahrscheinlich werden Ihnen in dieser unvermuteten Ruhe
plötzlich zahlreiche Gedanken durch den Kopf schwirren.
Lassen Sie sich nach Möglichkeit davon nicht beeinflussen
und versuchen Sie Ihre Aufmerksamkeit weiterhin nur auf das
Sitzen zu richten.

Die Definition des Zen-Mönchs

Ein Zen-Lehrer wurde einmal von seinen Schülern gefragt,
warum er immer so konzentriert wirke. Er antwortete: „Wenn
ich stehe, dann stehe ich. Wenn ich gehe, dann gehe ich.
Wenn ich esse, dann esse ich. Wenn ich spreche, dann spreche ich ..." Da fielen ihm die Fragesteller ins Wort und sag-

ten: „Das tun wir auch, aber was machst Du noch darüber hinaus?" Er sagte wiederum: „Wenn ich stehe, dann stehe ich. Wenn ich gehe, dann gehe ich. Wenn ich esse, dann esse ich. Wenn ich spreche, dann spreche ich ..." Wieder sagten die Leute: „Das tun wir doch auch!" Er aber sagte zu ihnen: „Nein. Wenn Ihr sitzt, dann steht Ihr schon; wenn Ihr steht, dann lauft Ihr schon; wenn Ihr lauft, dann seid Ihr schon am Ziel ..."

Diese hohe Stufe der Konzentration können Sie in vielen konkreten Alltagssituationen und Zusammenhängen genauso intensiv üben wie in Ihrer Fantasie.

Sich auf die eigene Zukunft konzentrieren

Durch den Einsatz Ihrer Fantasie wird es Ihnen gelingen, Ihre großen Ziele im Leben schneller und sicherer zu erreichen. Doch bevor Sie damit beginnen, sollten Sie sich erst einmal klarmachen, welches Ihre größten und wichtigsten Pläne sind.

Übung: Lebensziele definieren

Überlegen Sie einmal, welches in der kommenden Zeit Ihre wichtigsten Ziele sind. Beziehen Sie ruhig die nächsten zwei oder drei Jahre in Ihre Gedanken ein. Notieren Sie dann diese Punkte in der Reihenfolge ihrer Wichtigkeit.

Anschließend nehmen Sie sich genügend Zeit (etwa zehn bis 15 Minuten) und entspannen Sie sich, sodass die Alltagsgedanken Sie nicht mehr belasten. Begeben Sie sich dann in Ihrer Fantasie in eine Situation hinein, in der Sie das wichtigste Ihrer Ziele bereits erreicht haben.

1 Sehen Sie sich selbst genau vor sich und sehen Sie auch, wie die gesamte gewünschte Situation im Idealfall aussieht. Gibt es da Farben, Formen, bestimmte Gegenstände zu sehen?

2 Was gibt es zu hören? Welche Töne oder Äußerungen sind mit Ihrem Ziel verbunden?

3 Was fühlen Sie, wenn das Ziel erreicht ist? Wie geht es Ihnen jetzt damit? Welche Empfindungen sind vorherrschend?

4 Gibt es auch etwas zu riechen oder zu schmecken? Wenn ja: An was erinnert Sie das? Passen der Geruch und der Geschmack zu Ihrem Ziel?

Indem Sie wichtige Vorhaben auf diese Weise visionär durchspielen, gelangen Sie früher oder später auch zu der Überlegung, was Sie im Einzelfall konkret tun können, um eben dieses Ziel auch tatsächlich zu erreichen. Sie spielen die einzelnen Möglichkeiten in Gedanken durch und in Ihren inneren Filmen sehen Sie die Zukunft und Ihren Weg dorthin plastisch und in allen Einzelheiten vor sich. Durch die bewusste Konzentration auf Ihre wichtigen Ziele ziehen Sie deren Verwirklichung regelrecht an.

So vertiefen Sie Ihre Konzentration

Intensive Konzentration, wie wir sie besonders auf solchen inneren Fantasiereisen praktizieren, grenzt oft an einen Zustand, den wir als Meditation bezeichnen könnten. Das Phänomen kennen Sie sicherlich auch aus eigener Erfahrung: Wenn Sie sich intensiv auf eine bestimmte Tätigkeit konzentrieren, kann es vorkommen, dass Sie alles um sich herum vergessen und so vertieft sind, dass Sie gar nichts mehr wahrnehmen außer Ihrer derzeitigen Beschäftigung. Das Körperbewusstsein tritt in den Hintergrund und die natürlichen Bedürfnisse wie Hunger, Durst oder Müdigkeit sind eine Zeitlang überhaupt nicht mehr wichtig.

Genau diesen Mechanismus nutzen die bekannten Entspannungsmethoden. Durch die gezielt herbeigeführte Entspannung des Körpers hat es der Geist umso leichter, sich zu konzentrieren, und die Fantasie kann sich frei entfalten.

Pflegen Sie solche Phasen innerer Ruhe ganz bewusst und regelmäßig, gönnen Sie sich diesen Luxus ab und zu, für einen kurzen Zeitraum niemandem verpflichtet zu sein außer sich selbst. In solchen Ruhepausen vom Alltag können Sie

- den notwendigen Ausgleich zu den Anspannungen des Alltags pflegen,
- erkennen, welches Ihre tiefsten inneren Bedürfnisse sind,
- neue Ansätze für Ihr geistiges Bewusstsein finden,
- die unausgeglichenen Bereiche in Ihrem Leben miteinander ausbalancieren,

- Ihre inneren Motivationsreserven aufladen,
- sich Ihre großen Lebensziele bewusst machen und in Ihrer Fantasie die notwendigen Schritte ausprobieren, um diese Ziele zu erreichen.

Machen Sie weiter!

„Jedes Stehenbleiben ist ein Rückschritt", sagte der berühmte Philosoph Descartes. Deshalb bleiben Sie am Ball: Mit Ihrer lebhaft-plastischen Vorstellungskraft können Sie sowohl Ihre Gedächtnisleistungen als auch Ihre Konzentration immer noch ein klein wenig mehr steigern:

Es gibt keine Grenzen!

Anhang

Einfache Konzentrationsübungen

Wenn Sie über die Übungen dieses Ratgebers hinaus etwas für Ihre Konzentration tun möchten, empfehlen wir Ihnen Aufgaben, wie sie in anspruchsvolleren Kreuzworträtselheften angeboten werden, z. B. die folgenden:

1 Filtern Sie aus einem Buchstabenquadrat oder einer Reihe von Großbuchstaben möglichst viele Namen (oder andere Begriffe) in möglichst kurzer Zeit heraus:

ABHPETERHUTNINGEKIJDSGWTTKURTDÖHOTGAOOTOGA
BIFGRIUWEÖJMXVDEFELIXHWOTÖSINAJEZ

2 Nehmen Sie sich eine Buchseite oder einen Zeitungsartikel und streichen Sie (z. B. mit einem Leuchtstift) möglichst schnell bestimmte Buchstabenkombinationen an, z. B. „and", „ine", „ben" usw.

3 Lesen Sie einen beliebigen Text laut vor – aber rückwärts! Sad tsi rag thcin os rewhcs, eiw se tshcänuz theissua.

4 Jegliche Art von Kreuzwort- oder Zahlenrätseln eignet sich natürlich auch dazu, das Gedächtnis und die Konzentrationsfähigkeit zu schulen. Machen Sie solche Übungen zusammen mit einem Partner und lernen Sie gemeinsam!

Für weitere Übungen verweisen wir auf die Literaturliste (S. 247).

Teil 2:
Gedächtnis Training

Das ist Ihr Nutzen

Wer möchte nicht bei einer Veranstaltung die Namen aller Anwesenden nach dem ersten Hören sicher behalten? Oder in einem Gespräch immer genügend Argumente parat haben? Die Übungen in diesem Buch helfen Ihnen, Ihre Gedächtnisleistungen rasch zu verbessern – in einem Ausmaß, das Sie vielleicht bisher nicht für möglich gehalten haben. Das gute Gedächtnis ist nur der Anfang. Mit der Entdeckung Ihrer bildlichen Vorstellungskraft können Sie beim Memory-Spiel mit Ihren Kindern wieder gewinnen, verstehen Sie Sachverhalte und Handlungsabläufe klarer, weil Sie die Bilder Ihrer Vorstellungswelt mit tatsächlichen Sachverhalten oder Abläufen vergleichen können.

Bilder steuern Ihre Aufmerksamkeit, motivieren und heben Ihre Konzentrationsfähigkeit auf ein neues Niveau. Sie entdecken Ihr kreatives Denken neu und erreichen Ihre Ziele schneller, besser und leichter. Rasche Gedächtnisleistungen heben Ihr Selbstwertgefühl. Sie finden heraus, wie Sie Ihre Persönlichkeit bewusst und aktiv weiterentwickeln können.

Wenn Sie Ihr Training auf ein Gebiet – zum Beispiel Argumente einprägen oder eine freie Rede halten – konzentrieren und das Geübte immer wieder in die Praxis übertragen, werden Sie mit der Zeit zum echten Profi. So können Sie Ihrem Hobby oder Ihren Fähigkeiten im Beruf wirklichen Glanz verleihen. Ausdauer führt zum Erfolg. Lassen Sie sich von den Möglichkeiten überraschen, die in Ihnen stecken.

Grundlagentraining – leichte und schnelle Erfolge

Das Grundlagentraining hilft Ihnen dabei,

- einen leichten Einstieg ins Mentaltraining zu finden,
- Ihre Konzentrationsfähigkeit zu steigern,
- mit bildhafter Vorstellung und Verknüpfungstechniken Ihre Merkfähigkeit zu steigern,
- Ihre kindliche Fantasie neu zu entdecken und Ihren Einfallsreichtum zu vergrößern.

Darum geht es in der Praxis

Mentaltraining ist der Einsatz der Vorstellungskraft, beispielsweise um eine bessere sportliche Leistung beim Skifahren oder einen souveränen Eindruck bei den Zuhörern eines Vortrags zu bewirken. Beim Gedächtnistraining hingegen wird die Vorstellungskraft eingesetzt, um sich Inhalte und Abläufe einzuprägen, beispielsweise beim Schachspielen, beim Erlernen mathematischer Formeln, vor einer Prüfung oder vor einer geschäftlichen Präsentation.

Jede Anwendung steht in direktem Verhältnis zu den bisherigen Trainingsergebnissen. Zu Beginn des Trainings können Sie Ihre Gedächtnisleistung am besten dadurch steigern, dass Sie locker und entspannt und ganz ohne Zeit- und Leistungsdruck trainieren – ebenso locker und entspannt, wie Sie als Kind Memory gespielt haben. Schauen Sie Kindern einmal beim Memory-Spielen zu. Sie spielen mit Haut und Haar und gehen in ihrer Fantasie auf. Das ist konzentrationstechnisch der Idealzustand, auch für Erwachsene.

Die angestrebten Gedächtnisleistungen in späteren Alltagssituationen setzen ein ausführliches Grundlagentraining voraus. Sie steigen mit jeder Übung von Stufe zu Stufe ein Stück höher. Das erfordert etwas Geduld, die sich aber reich auszahlen wird. Die grundlegenden Übungen werden Ihnen auch später immer wieder von Nutzen sein. Wandeln Sie sie je nach Ihren Bedürfnissen ab und setzen Sie sie ein, um sich vor Ereignissen „warmzulaufen", die Ihren vollen geistigen Einsatz erfordern.

Die ersten Schritte zum Mentaltraining

Den Kopf frei machen

Übung 1
🕐 **10 min**

Machen Sie den ersten und wesentlichsten Schritt zum Mentaltraining. Beginnen Sie so entspannt wie möglich. Schließen Sie die Augen und stellen Sie sich vor, wie Sie im nächsten Urlaub entspannt in der Sonne liegen oder wie Sie zu Hause, bei abgeschaltetem Fernseher, gemütlich auf der Couch sitzen und aus dem Fenster in die Ferne schauen.

Testen Sie, wie lange Sie Ihre Vorstellungskraft ungestört wirken lassen können, ohne ablenkenden Gedanken von außen Raum zu geben.

Lösungstipps

- Gedanken strömen von außen auf Sie ein, wie die Inhalte einer Radiosendung. Sie sind jedoch nur dann der Empfänger, wenn Sie dies zulassen. Weisen Sie einfach einmal alle Gedanken für einige Minuten ab und konzentrieren Sie sich vollständig auf das Bild, das Sie sich vorstellen möchten.

- Gedächtnistraining arbeitet mit dem Gedankenbild – wie ein Künstler. Bilder werden beim visuellen Gedächtnistraining selbst gestaltet, wie dies ein Maler tut. Die eigene Fähigkeit der Bildgestaltung ist den meisten Menschen unbewusst und deswegen sind so wenige Menschen kreativ.

- Die Malerei verbindet alle schlummernden Fähigkeiten der rechten Gehirnhälfte mit der sprachlichen Bewusstwerdung in der verbal dominierenden linken Gehirnhälfte. Über den Mittelbalken, die Brücke zwischen beiden Gehirnhälften, findet in Sekundenschnelle ein reger Austausch statt. Wenn wir die Künstlerin und den Künstler in uns wecken, finden wir zum brillanten Gedächtnis.

Praxistipp

Machen Sie sich immer wieder von neuem bewusst, dass die Sprache nur *ein* Mittel des Denkens und der Erinnerung ist. Vor der Sprache steht das Denken in Bildern. Beides im Wechsel, wie ein Reißverschluss, führt zum ganzheitlichen Denken und zum Finden von Lösungen.

Ein eigenes Bild entwerfen Übung 2
🕐 **15 min**

Schlüpfen Sie in die Rolle der Schülerin/des Schülers der Malerin Aurelia Beck aus Kressbronn am Bodensee. Stellen Sie sich einen Leerraum oder eine weiße Leinwand vor, horchen Sie in sich hinein und finden Sie Ihre Lieblingsfarbe. Füllen Sie den Leerraum mit dieser Farbe und schauen Sie auf die Farbe, die Ihnen als nächste in den Sinn kommt. Malen Sie ein Bild und lassen Sie sich dabei von Ihren spontanen Ideen leiten.

Lösungstipps

- Farben repräsentieren Stimmungen. Zum Beispiel steht Blau für Ruhe, Weite und Tiefe. Es schenkt Erholung, Entspannung und hilft, Distanz zu gewinnen. Sie ist auch die Farbe des Friedens, führt ins Unendliche und bringt uns der Wahrheit näher. Vielleicht denken Sie auch an kühles Wasser. Gelb symbolisiert Leichtigkeit, Schwerelosigkeit und Heiterkeit, Behaglichkeit und Wärme, Weisheit und Erkenntnis.

- Fantasie und Bilderdenken sind wichtige Voraussetzungen dafür, dass Sie Ihre Kreativität zur Geltung bringen und weiterentwickeln können. Kreativität ist jedem Menschen angeboren und lässt sich in allen Lebensbereichen anwenden. Kreativ ist der Erfinder, der Maler, der Bildhauer, der Lehrer, der eine neue Unterrichtsmethode praktiziert, der Wissenschaftler, der ein neues Experiment durchführt, die

Mutter, die ihre Kinder einmal auf eine andere Art als sonst zu Bett bringt. Kreativität ist grundsätzlich vorhanden; nur die Techniken, um sie (gerade im künstlerischen Bereich) gestalterisch umsetzen zu können, müssen meist zusätzlich erlernt und eingeübt werden.

Praxistipp

Mentaltraining, das heißt das Training Ihrer Vorstellungskraft, ist die beste und leichteste Methode, um einen Einstieg ins Gedächtnistraining mit Vorstellungsbildern zu finden, mit dessen Hilfe Sie sich zum Beispiel berufliche Fakten oder private Erledigungen spielend einprägen können. Mental- und Gedächtnistraining ergänzen sich schon nach wenigen Übungen in der Anwendung.

Konzentrationc steuern und Vorstellungskraft nutzen

Sich in eine Tätigkeit versenken

Übung 3
🕐 **20 min**

Legen Sie sich auf Ihre Couch und entspannen Sie sich. Schalten Sie Ihren Anrufbeantworter aus, sorgen Sie dafür, dass niemand Sie stört.

Schließen Sie die Augen und stellen Sie sich eine schwarze Wand vor, wie im Kino vor dem Beginn des Films. Nun stellen Sie sich auf der schwarzen Leinwand die leuchtend klare, scharf umrissene Zahl 1 vor. Sobald Sie die 1 betrachtet haben, stellen Sie sich eine 2 vor, sobald Sie die 2 klar gesehen haben, eine 3. Fahren Sie mit der Übung bis zur Zahl 7 oder 10 fort.

Lösungstipps

- Wenn Sie mit der Übung beschäftigt sind, werden Sie kaum Zeit haben, an etwas Anderes zu denken, genau so, als ob Sie zum Beispiel etwas Wichtiges vortragen. Auch hier sind Sie ganz bei der Sache. Das ist eine großartige Fähigkeit.

- Sie werden merken, dass sich Ihre Konzentration im Verlauf der Übung merklich steigert, so als ob Sie etwas tun, das Sie ganz in Anspruch nimmt. Fahren Sie mit dem bildlichen Zählen so lange fort, bis ein störender Gedanke auftaucht. Beginnen Sie dann von vorn. Anfangs kann es sein, dass Sie sich schon früh ablenken lassen. Doch Sie werden mit jeder Wiederholung der Übung besser werden.

- Bewahren Sie eine positive Einstellung, denn diese gibt Ihnen einen inneren Freiraum, den Sie Störungen und Ablenkungen entgegensetzen können. Ohne ein vorausgehendes Training können wir nicht jede Situation im Alltag ganz nach unserem Willen steuern, manchmal sind bewusste Flexibilität und Anpassung notwendig.

Praxistipp

Üben Sie ruhig einige Tage. Wenn Sie möchten, notieren Sie Ihre Erfolge in einem Tagebuch. Ihre Erkenntnisse über sich selbst können bei späteren Anwendungen von großem Vorteil sein.

Die Vorstellungskraft gezielt einsetzen

Übung 4

🕐 **15 min**

Es gibt heute schon Kurse, in denen Sie mit situationsgerechter Vorstellungskraft in einem Drittel der Normalzeit Schreibmaschine schreiben lernen. Auch bei den besseren Schnelllese-Seminaren stellt sich recht bald der „Klick ins bildhafte Sehen" ein, das heißt die Aufnahme schriftlich fixierter Inhalte völlig ohne Nachsprechen – sei es laut oder im Stillen.

Setzen Sie sich entspannt auf ein Sofa, wählen Sie eine Situation aus Ihrem künftigen Leben und schließen Sie die Augen. Stellen Sie sich die gewählte Situation und die mit ihr verbundenen Abläufe in allen Einzelheiten bildlich vor.

Hierzu ein Beispiel: Sie haben morgen ein wichtiges Verkaufsgespräch zu führen. Stellen Sie sich vor, wer Ihre Gesprächspartner sind, wo die Unterhaltung stattfinden wird und wie Sie argumentieren werden. Probieren Sie verschiedene denkbare Abläufe des Gesprächs aus.

Lösungstipps

- Als Kinder haben wir die rechte, also die fantasiebegabte Gehirnhälfte noch völlig entspannt und zwanglos benutzt. Da wir diese Fähigkeit mit in die Wiege bekommen und schon einmal eingesetzt haben, ist sie auch leicht wieder aus dem Dornröschenschlaf zu wecken. Bewusstwerdung ist die Lösung. Indem Sie sich Abläufe bewusst machen, können Sie diese gedanklich steuern und variieren. So können Sie in jeder Situation, ob beruflich oder privat, Ihre erlernten Fähigkeiten besser, geschickter, mehr in Ihrem Sinne und nach Ihrem eigenen, ganz persönlichen Stil zur Entfaltung bringen.

- Verfahren Sie wie die frühere Ski-Läuferin Christa Kinshofer. Diese legte sich vor Ihrem Abfahrtslauf in den Schnee und entspannte sich mit autogenem Training. Dabei kam sie auf die Idee, sich vorzustellen, wie sie flott und gewandt mit den Skiern durch alle Tore „durchbrettert". Nachdem Christa Kinshofer in ihrer Vorstellung die ganze Abfahrtsstrecke zurückgelegt hatte, wiederholte sie die Übung und stellte sich vor, die Strecke nochmals, und dieses Mal noch geschickter und gewandter, zu befahren. Später startete sie in der Realität und erzielte tatsächlich eine bessere Zeit als bei ihren bisherigen Läufen. Andere Skifahrer machen sich diese Übung ebenfalls zunutze. Skifahrer-Asse sprechen heute vom „Inner Skiing".

Praxistipp

Sie können Ihren Auftritt durch den gezielten Einsatz Ihrer Vorstellungskraft in allen Lebensbereichen verbessern – beispielsweise im Sport, bei geschäftlichen Meetings, bei Präsentationen und in Verhandlungen.

Die Vorstellungskraft schärfen

Prägen Sie sich die folgende fantastische Geschichte ein und erzählen Sie sie dann nach – je nach Geschmack im Stillen für sich selbst oder aber einem Dritten. Ist Ihnen dies gelungen, so erzählen Sie die ganze Geschichte auch rückwärts.

Ein dickbauchiges Transportflugzeug landet auf dem Flugplatz, rollt aus und bleibt stehen. Die Klappe des Flugzeugs öffnet sich, und Ihr Lieblingsauto fährt heraus. Sie gehen darauf zu und öffnen den Kofferraum. Sie schauen hinein und sehen dort einen riesengroßen Vorschlaghammer liegen. Sie heben ihn heraus und schleppen ihn bis zum Flughafengebäude. Dort wird er Ihnen zu schwer und Sie lassen ihn fallen. Der Boden dröhnt. Ein in der Ecke des Gebäudes liegendes grünes Reagenzglas zerspringt und die darin enthaltene grüne Flüssigkeit versickert im Boden. Um den Schmutz zu beseitigen, klopfen Sie nun die Splitter des Reagenzglases mit dem Hammer zu Glasstaub. In der Fantasie ist sehr viel mehr möglich als in der Realität, und so nehmen Sie den Glasstaub und pusten ihn in die nächstgelegene Steckdose. Während Sie den Glasstaub in der Steckdose betrachten, macht es klack, wie bei einem Toaster, und aus der Steckdose schießen zwei Brötchen heraus. Diese nehmen Sie und stecken sie in Ihre Jackentasche. Ihre Jacke hängen Sie nun an einen Kleiderständer aus glänzendem Stahlblech. Direkt neben der Garderobe steht auf einem Tisch ein Kuchen auf einem Blech aus gewalztem Kupfer. Auf dem Kuchenblech trommeln Sie zum Spaß so lange herum, bis es zerbeult ist. Sie werfen es in den nächsten großen Plastikpapierkorb. Aus dem Papierkorb kommt ein Geräusch. Sie schauen nach und sehen darin eine große Brille.

Hintergrund der Übung

Sie haben sich soeben die zehn wichtigsten Exportgüter der Bundesrepublik Deutschland gemerkt. Das Flugzeug diente als Einstiegsbild für Exporte rund um den Globus. Die anschließende Rangfolge lautet: Autos, Werkzeuge (Bild: Vorschlaghammer), Chemieerzeugnisse (Bild: grüne Flüssigkeit), Elektrogeräte (Bild: Steckdose), Lebensmittel (Bild: Backwaren), Textilien (Bild: Ihre Jacke), gewalzte Stahlbleche (Bild: Kleiderständer), gewalzte Kupferbleche (Bild: Kuchenblech), Kunststoff- und Plastikerzeugnisse (Bild: Papierkorb), optische Geräte (Bild: Brille im Papierkorb).

Mit diesem Wissen gewappnet, wird es Ihnen nun mühelos gelingen, anhand der stellvertretenden Bilder alle zehn Exportgüter in der richtigen Reihenfolge zu nennen. Ihr fotografisches Gedächtnis hilft Ihnen dabei.

Um Ihnen das Prinzip zu veranschaulichen, haben wir bei dieser Übung für Sie sozusagen das Pferd von hinten aufgezäumt. Wir haben Ihnen eine verrückte Geschichte erzählt und dann deren Bestandteile auf die Punkte zurückgeführt, die Sie sich merken sollen. Die Methode, mit der Sie sich viele wichtige, miteinander zusammenhängende Punkte merken, setzt am entgegengesetzten Ende an: Sie nehmen die Punkte und erfinden dafür Bilder, die Sie miteinander zu einer Geschichte verbinden.

Zwei Begriffe verknüpfen

Verknüpfen von „Würfel" und „Tür"   Übung 6   ⏱ 10 min

Selbstverständlich können Sie sich zehn Punkte auch ohne eine ausgefeilte Methode merken, wenn Sie ein gutes Gedächtnis haben. Aber unsere Methode funktioniert auch bei 20, 30 oder 100 Punkten. Das große Geheimnis der Weltmeister ist das immer flexiblere und geschicktere Verknüpfen von Bildern.

Nehmen wir jedoch zunächst ein ganz einfaches Beispiel: die Verknüpfung eines Würfels und einer Tür. Denken Sie sich verschiedene Verknüpfungsvarianten dieser zwei Gegenstände aus. Testen Sie Ihre Kreativität, Flexibilität und Ihren Einfallsreichtum: Wie viele verschiedene Verknüpfungen fallen Ihnen spontan ein? Sobald Sie unser Training ein bis zwei Stunden absolviert haben, gelingt es Ihnen spielend, zehn bis zwanzig verschiedene Verknüpfungen zweier Gegenstände zu finden. Testen Sie sich und zählen Sie die Anzahl Ihrer Verknüpfungen in den nächsten Minuten.

Lösungstipps

- Die Bildverknüpfung ist eine sehr interessante und wichtige Technik. Alle großen Gedächtniskünstler und Gedankenakrobaten im Zirkus, im Varieté und im Fernsehen benutzen ihr Assoziationsvermögen, das heißt, sie sind in der Lage, durch stetiges Training die tollsten und plastischsten

Verknüpfungen zu erfinden. Stören Sie sich nicht daran, wenn die Objekte nicht zueinander passen. Gedächtniskünstler erfinden immer originelle und einfallsreiche, humoristische Verknüpfungen. Meist ist das erste Bild, das Ihnen in den Sinn kommt, das beste.

- Hier einige wichtige Hinweise zur Gestaltung von kreativen Bildgeschichten:
  - Wir übertreiben bezüglich der Größe und der Form eines Gegenstandes.
  - Wir bringen (körperliche, seelische oder geistige) Bewegung in die Gedankenverbindung hinein.
  - Wir übertreiben bezüglich (An-)Zahl und Menge.
  - Wir ersetzen einen Gegenstand von der Funktion her durch einen anderen.

Lösungsvorschläge

Sie kommen nach Hause und Ihre Kinder spielen gerade den Verkauf von Würfeln im Würfelladen. Sie haben die Badezimmertür ausgehängt und mit der Säge in 100 kleine Würfel zerschnitten. Sie sind kein Spielverderber und es gelingt Ihnen, mit Ihren Kindern alle 100 Würfel wieder zusammenzuleimen. (In der Fantasie spielt das anschließende Aussehen der Tür keine Rolle.) Nachdem Sie den Kindern erklärt haben, dass die Tür gebraucht wird, stellen Sie am nächsten Abend fest, dass die Kinder die Tür ausgehängt, die Klinken entfernt und einen Holzwürfel in die Mitte unter die Tür gestellt haben. Nun benutzen sie die Tür als Schaukel. Kreativ, wie Sie alle sind, beauftragen Sie Ihren Schreinermeister, in der

Grundfläche von halben Wohnungstüren mehrere große Holzwürfel herzustellen, damit die Kinder künftig mehr im Garten spielen können. Weitere Varianten sind:

- ein großer Würfel mit einer Öffnung, die durch eine Tür verschlossen werden kann;

- eine Tür mit einem drehbaren Würfel anstelle einer Klinke;

- wer eine Sechs würfelt, darf als erster durch die Tür gehen, hinter der eine Überraschung wartet;

- zwischen den Rahmen und das Blatt einer selbst schließenden Türe ist ein Holzwürfel geklemmt, sodass die Tür nicht zufallen kann.

Praxistipp

Ihr Erfindungsreichtum wächst, je mehr Sie trainieren. Sie entwickeln bei beharrlichem Üben und mit etwas Zeit, Ruhe und Muße das heutzutage so sehr brauchbare Lösungsfindungsdenken. Wenn wir ein Problem durchdacht haben, fallen uns oft in Situationen, in denen wir völlig entspannt sind, spontane Lösungsbilder ein, zum Beispiel beim Zähneputzen oder wenn wir aus dem Fester schauen. So betrachtete der Erfinder der elektrischen Kugelkopfschreibmaschine eine Pflanze mit einer schönen Blütendolde und ersann aus diesem Bild den Kugelkopf. Aus visuellen Fantasien entstehen zahlreiche und of ganz unvermutete Lösungen.

Einfache Verknüpfungen bilden

Es kommt auf die spielerische, kindliche Fantasie an, mithilfe derer wir die realen Dinge konstant neu konstruieren und so gestalten können, wie sie noch nie waren. Entdecken Sie immer neue Verknüpfungen und trainieren Sie auf diese Weise Ihre Flexibilität und Kreativität.

Die folgenden Übungen (Nr. 7 bis 11) verbessern nicht nur Ihre Gedächtnisleistung. Diese Erkenntnis wird Ihnen helfen, mit Ausdauer dranzubleiben.

Verknüpfen Sie die folgenden Tiere und Gegenstände.

Bär	Nagelschere
Adler	Rollschuhe
Löwe	Skier
Pfau	Springseil
Hirsch	Trompete
Hase	Puppenstube
Pferd	Bauklötze

Lösungstipps

- Beachten Sie die Lösungshinweise aus Übung 6.
- Wenn Sie alle Verknüpfungen gebildet haben, dann testen Sie sich, indem Sie eine Hälfte der Liste bedecken und versuchen, die nun nicht mehr sichtbaren Wörter in der korrekten Reihenfolge aufzusagen.

Lösungsvorschlag

Das Paar Adler – Rollschuhe könnten Sie so verknüpfen: Der Adler schnallt sich seine knallroten Rollschuhe an und saust so schnell den Berg hinunter, dass sich seine Federn im Wind plustern.

Dynamische Verknüpfungen bilden

Übung 8
 **10 min**

Versuchen Sie es nun einmal bewusst mit Dynamik und Bewegung im Bild. Erfinden Sie positive, optimistische und aufbauende Bilder. Gehen Sie dazu von den folgenden Wortpaaren aus:

Förster	Traktor
Lehrerin	Gleitschirm
Maler	Surfbrett
Taucher	Heuwagen
Tierärztin	Straßenbahn
Sängerin	U-Boot
Bademeister	Hubschrauber

Lösungstipps

- Beachten Sie die Lösungshinweise aus Übung 6.

- Grundsätzlich gilt für alle Verknüpfungen: Achten Sie auf Lockerheit, Fantasie und Dynamik. Lebendige und dynamische Bilder stellen höhere Anforderungen an Ihre Vorstellungskraft und dementsprechend wird Ihr Gedächtnistraining zunehmend wirksamer.

- Wiederholen Sie die Übung mehrmals. Genau wie beim Golfspielen ist Übung unverzichtbar, um Fortschritte zu erzielen.

Lösungsvorschläge

- Der Heuwagen ist von der Brücke abgestürzt und im Fluss versunken. Taucher suchen ihn.

- Vorm Passieren der Grenze kann ich im Heuwagen abtauchen und so die Grenzkontrolle umgehen.

- Der Bademeister veranlasst, dass der vor dem Ertrinken Gerettete im Hubschrauber sofort ins Hospital gebracht wird.

- Der Bademeister macht vom Hubschrauber einen Kopfsprung ins Wasser.

Verknüpfungen etwas anders

Übung 9

🕐 **8 min**

Bei dieser Übung verknüpfen Sie jeweils eine Nationalität mit einem Gegenstand.

Zange	Grieche
Kamm	Franzose
Korkenzieher	Schotte
Rasenmäher	Sizilianerin
Wagenheber	Indianer
Zahnstocher	Holländer
Schraubenzieher	Römer

Lösungstipps

- Machen Sie die Übung mithilfe der Hinweise, die auch für die vorhergehenden Übungen 6 bis 8 gelten.

- Testen Sie sich, indem Sie genau so wie beim Vokabellernen die rechte oder linke Seite der Wörterliste abdecken und versuchen, die nicht mehr sichtbaren Wörter aus dem Gedächtnis zu nennen.

Zweierkoppelungen nach verschiedenen Kriterien

Übung 10

🕐 **20 min**

Verknüpfen Sie die folgenden Begriffspaare. Konzentrieren Sie sich dabei auf die jeweils genannten Gesichtspunkte.

1 Bildhafte Koppelung:

        Kinoleinwand – Tinte

        Schreibmaschine – Adler

        Haus – Fischernetz

2 Originelle Koppelung:

        Kuh – Trainingsanzug

        Elefant – Klarinette

        Tänzer – Taucheranzug

3 Übertreibung nach Größe:

        Fenster – Zigaretten

        Schuhkarton – Pilze

        Blumenvase – Kirschen

4 Übertreibung nach Anzahl:

        Blumen – Kuss

        Blätter – Schornstein

        Rasenmäher – Ameisen

5   Übertreibung nach Farbe:

      Nachthemd – Farbstifte

      Schultafel – Pastellfarben

      Fenster – Papierdrache

6   Übertreibung nach Form:

      Schwert – Schüssel

      Blumentopf – Radio

      Fernsehgerät – Kaktus

7   Übertreibung durch Aktion und Handlung:

      Melone – Schlittschuhfahrer

      Seifenblasen – Klassenzimmer

      Dompteur – Großmutter

8   Übertreibung durch Besonderheiten und Witz:

      Krokodil – Briefträger

      Schwimmbad – Schlips

      Klavier – Aquarium

Lösungsvorschläge

- Die Kuh läuft dem Touristen hinterher und hat den Trainingsanzug auf den Hörnern aufgespießt.

- Ein Zuschauer schmeißt ein Tintenfass gegen die Kinoleinwand und die schwarze Tinte tropft zu Boden.

- Die Melone liegt auf Schlittschuhen, mit denen sie auf dem zugefrorenen See Pirouetten dreht.

Partnerübung   Übung 11
                                    🕐 30 min

Diese Übung dient der Vertiefung und Variierung.

Nehmen Sie sieben kleine Papierkärtchen für sich selbst und für ein(e) Mitspieler(in). Ihr Gegenüber soll sieben beliebige Zootiere aufschreiben, Sie selbst notieren sieben verschiedene Kinderspielzeuge. Legen Sie die vierzehn Karten offen auf den Tisch. Nun verknüpfen Sie beide Ihre eigenen Begriffe mit den Begriffen des anderen.

Drehen Sie anschließend die Karten wieder um. Rufen Sie Ihrem Partner Ihre Stichworte zu und fordern Sie ihn auf, die jeweils dazugehörigen Begriffe zu nennen. Wechseln Sie im nächsten Schritt die Rollen.

Lösungstipps

- Ob jeder seine eigene Verknüpfung bildet oder ob Sie die Verknüpfungen miteinander besprechen, spielt anfangs keine große Rolle. Zunächst kann es hilfreich sein, die Verknüpfungsvorschläge zu diskutieren. Andererseits kann dadurch aber auch Ihre eigene Kreativität eingeschränkt werden. Wählen Sie deswegen frei und ändern Sie nach Ihrem persönlichen Geschmack.

- Machen Sie die Übungen 6 bis 11 ruhig intensiver und öfter und unter verschiedenen Gesichtspunkten, mit verschiedenen Personen und auch alleine. Sie können auch mit einem Schulkind (erstes Schuljahr aufwärts) üben.

Praxistipps

- Später werden Sie feststellen, dass Sie Ihre selbst entwickelten Verknüpfungen am leichtesten und am längsten behalten. Damit haben Sie den wichtigsten Zugang zu Ihrem Langzeitgedächtnis bereits spielerisch gefunden. Verlassen Sie sich auf Ihre eigene Kreativität.

- Die Übungen ersparen Ihnen teure Seminare und Trainer-Coaching-Stunden. Sie brauchen später vielleicht nur noch ein Gedächtnistrainingsseminar für Ihre ganz speziellen praktischen Bedürfnisse.

Aufbautraining – üben wie die Weltmeister

Das Aufbautraining hilft Ihnen dabei,

- sich mithilfe von Bildergeschichten Wortketten einzuprägen, um im Berufsalltag Fakten und Argumente besser und schneller aus Ihrem Gedächtnis abzurufen;
- sich im Denken in Bildern zu üben, um damit Ihre Intuition und Ihr Einfühlungsvermögen zu stärken sowie Ihre Fähigkeit, Situationen schnell zu erfassen;
- sich Satzketten einzuprägen, um Reden und Präsentationen frei und souverän halten zu können.

Darum geht es in der Praxis

Im Geschäftsleben werden trotz E-Mail und Computer noch immer alle wesentlichen Vereinbarungen und Entscheidungen mündlich oder telefonisch ausgehandelt. Deswegen ist der schnelle Abruf von Detail- und Hintergrundwissen während des Gesprächs einer der wesentlichsten Erfolgfaktoren. Wenn Sie zum Beispiel während einer Verhandlung notwendige Informationen rasch parat haben, haben Sie stets bessere Karten. Sie gewinnen an innerer Sicherheit, vermitteln Ihrem Gegenüber Ihre Kompetenz und erzielen dadurch bessere Verhandlungsergebnisse. Sie gewinnen auch an der nötigen Flexibilität, um auf Argumente Ihres Gesprächspartners einzugehen und diese in Ihrer Gesprächsführung zu berücksichtigen.

Visualisierung ist insbesondere in Situationen und Abläufen, die durch vielerlei Faktoren außerhalb Ihres Einflussbereichs geprägt werden, eine effektive Methode zur schnellen und nachhaltigen Einprägung und Verwertung von Informationen und Eindrücken. Das wird Ihnen im Verlauf des Trainings sukzessive klarer werden. Visualisierung ist der Schlüssel, nicht nur für künftige Gedächtnis- oder Schachweltmeister, sondern genauso zu besseren Verhandlungsergebnissen und zufriedeneren Kunden. Und darauf kommt es im Business ja schließlich vorrangig an.

Komplexe Verknüpfungen bilden

Verknüpfungsketten bilden

Übung 12

🕐 **5 min**

Für das Weltmeistertraining schnuppern wir etwas Höhenluft und in der Vorstellung sind Sie sicher leichter schwindelfrei als in der Realität. Bilden Sie eine lustige Verknüpfungskette mit den folgenden Elementen: Zahnpasta – Kartoffelchips – Erbsen – Mineralwasser – Tesafilm – Salzstangen – Joghurt – Nudeln – Honig – Büroklammer

Lösungstipps

- Wenn Sie mit Kindern üben, können Sie einige oder alle Gegenstände personifizieren, zum Beispiel: Die Erbsen unterhalten sich mit den Kartoffelchips darüber, wie man in Mineralwasser verdünnte Zahnpasta zum Ablösen von Tesafilm benutzt, um dann in den Tesafilm Salzstangen einzuwickeln usw.

- Wenn Ihnen die Verknüpfungen, die Ihnen spontan einfallen, zu abgehoben erscheinen, so machen Sie sich klar, dass es im Leben im Grunde nur darauf ankommt, zwischen Fantasie und Wirklichkeit immer klar zu unterscheiden. Das bedeutet, dass bei der Übertragung Ihrer im Gedächtnistraining erworbenen Fähigkeiten in die Praxis letztlich vor allem Ihr Unterscheidungsvermögen zählt, die Bilder und Geschichten, die Sie erfunden haben, hingegen keine Rolle spielen.

Zwei Sätze verknüpfen

Übung 13
🕐 10 min

Im praktischen Alltag wird es Ihnen häufig begegnen, dass Sie sich ganze Sätze merken wollen. Dies ist längst nicht so schwer, wie es scheint. Bitte verknüpfen sie auf möglichst originelle Weise:

1 Wir bewirten die neuen Kunden. – Das Kind sammelt frische Muscheln.

2 Die Kunden stehen Schlange. – Die Hängematte ist bequem.

3 Die Taucherbrille passt. – Die Bilanz stimmt.

4 Der Kopierer wird gereinigt. – Das Sonnenöl klebt.

5 Der Steuerprüfer ist eifrig. – Der Opa schnarcht auf dem Sofa.

6 Die Sekretärin lächelt. – „Achtung, ein Hai!"

7 Der Chef ist auf Dienstreise. – Die Sonne brennt.

Lösungstipps

- Beachten Sie einen wertvollen Schritt, den Sie in der Zwischenzeit schon zur Genüge geübt haben: Schalten Sie um vom Denken in Worte zum Denken in Bildern! Das ist ja nichts Neues für uns. Wir denken genau so wie die Kinder. Inzwischen können wir mit unserer Fantasie spielen wie ein Comic-Leser, wie ein Jugendlicher, der sich an einen schönen Karl-May-Film erinnert oder wie ein Computerfreak, der mit seinen Computerspielen schon ganz in seiner Fantasiewelt lebt. Der geschickte Wechsel zwischen Fantasie und Wirklichkeit ist die eigentliche kreative Leistung, die von fortgeschrittenen Gedächtnisexperten zur Alltagsbewältigung und zur beruflichen Sinnfindung eingesetzt werden kann.

- Der wichtigste Schritt ist, dass Sie sich Sätze am Anfang nicht unbedingt wortwörtlich merken. Das kommt später. Es genügt, wenn Sie den Satz sinngemäß erfassen oder – besser noch – nur als Bild sehen. Bilder in Bewegung sind attraktiver. Kleine Filmszenen halten länger.

- Lassen Sie sich bei dieser Übung weder ablenken noch entmutigen. Bitte nicht im Auto üben, sondern an einem ruhigen Platz zu Hause. Vielleicht vor dem Schlafengehen oder gleich nach dem Aufwachen. Wenn Ihnen diese Vorschläge anfangs nicht ganz so leicht fallen, erfinden Sie einfach weitere kleine Sätze, möglichst aus unterschiedlichen Bereichen.

Lösungsvorschlag

Wir bewirten unsere neuen Kunden mit frischen Muscheln, die von Kindern am Meeresufer gesammelt wurden.

Verknüpfungen abstrakter Begriffe mit Anweisungen

Übung 14
🕐 **10 min**

Nach Ihren bisherigen Übungserfolgen brauchen Sie für die folgende Übung keine Erklärung, sondern nur etwas Mut und Fleiß. Und Sie werden überrascht sein, wenn Sie trainingstechnisch dranbleiben: Es geht nach einem kleinen Augenzwinkern auch mit abstrakten Dingen. Verknüpfen Sie die folgenden Paare aus Begriffen und Anweisungen mithilfe von Bildern.

Qualität	Schuhe putzen
Intuition	Blumenbeet graben
Redekunst	Auto zum TÜV bringen
Dynamik	Katze füttern
Konzentration	Rasen mähen
Quantität	Oma anrufen
Originalität	Haus abschließen

Lösungstipp

Gestalten Sie das Bild so lange um, bis der abstrakte Begriff als konkretes Bild sichtbar wird, das zum Beispiel das Ergebnis oder eine Folge oder einen Bestandteil der Tätigkeit repräsentiert.

Lösungsvorschläge

- Der Schuhputzer poliert meine Schuhe auf Hochglanz und ich bezahle ihn dafür. Die höhere Qualität meines Erscheinungsbildes hat ihren Preis.

- Ich schließe mein Haus mit einem überdimensional großen, reich verzierten Schlüssel ab. Die Größe und die Verzierungen machen die Originalität des Schlüssels aus.

Aus drei Bildern eine Kette herstellen

Verknüpfen Sie die Begriffe in den folgenden Dreiergruppen, indem Sie die einzelnen Dinge in den Bildern in einen plastischen und lebendigen Ablauf bringen:

Kekse –
Eisbär –
Bankkonto

Direktor –
Wäscheleine –
Flöte

Brille –
Klee –
Fahrrad

Rakete –
Olivenbaum –
Tiger

Buch –
Himbeeren –
Sessel

Wandteppich –
Auto –
Schlaraffenland

Lösungsvorschläge

- Der Eisbär bröselt beim Essen seiner Kekse die Kontoauszüge voll.

- Der Direktor hängt die Flöte zwischen der weißen Wäsche auf.

Vier Bilder verketten Übung 16
🕐 15 min

Verknüpfen Sie die Wörter der folgenden Wortgruppen möglichst fantasievoll und locker. Schreiben Sie die Ergebnisse Ihrer Verknüpfungen auf.

1 Rollschuhe – Teddybär – Zwirn – Scheckheft
2 Kerze – Hummer – Professor – Eule
3 Melkmaschine – Maus – Whisky – Federn
4 Kugelschreiber – Kopfschmerztabletten – Hundefutter – Dias
5 Blumen – Rechtsanwalt – Fahrkarte – Blumenkohl
6 Windeln – Telefonat – Elektriker – Schallplatte
7 Druckerpapier – Bluse – Schwiegermutter – Geburtstag

Lösungshinweis

Die Viererverknüpfungen dienen dem Erwerb der Fähigkeit, vier leicht zu merkende Wörter in eine bewusste und damit einprägsame Reihenfolge zueinander zu bringen.

Lösungsvorschlag

Bei der ersten Koppelung bietet sich beispielsweise die folgende Verknüpfungsmöglichkeit an: „Mit seinen neuen Rollschuhen fährt der Teddybär in die Zwirnfabrik. Dort sind die Wände mit Schecks tapeziert."

Praxistipp

In einem späteren Trainingsstadium können Sie zum Beispiel locker den Namen, Beruf und Wohnort einer Person einem ausgewählten Gesichtsmerkmal dieser Person zuordnen. Um sich an alle vier Punkte zu erinnern, genügt es in der Regel, einen der Punkte aufzurufen.

Übungen für Ihren Alltag

Tagesplan abrufen   Übung 17
                                        ◔ 10 min

Nehmen Sie sich vor, in der nächsten Zeit Verknüpfungen von drei, vier und mehr Begriffen an praktischen Beispielen aus Ihrem Alltag zu üben. Beginnen Sie mit einer Einkaufs- und Aktivitätenliste wie dieser (Sie können stattdessen auch Ihre eigene Liste verwenden):

– Geld abheben

– zum Schneider gehen

– Oma anrufen

– den Rasen mähen

– Brot kaufen

– den Fernsehtechniker anrufen

– einen Zahnarzttermin vereinbaren

– die Kunstgalerie besuchen

– das Auto volltanken

Lösungstipp

Nutzen Sie Ihre neu entdeckten Fähigkeiten im kreativen Bilderdenken und speichern Sie bewegte, lustige kleine Handlungsketten ab.

Zwischen Wichtigem und Unwichtigem unterscheiden

Übung 18
🕐 **15 min**

Es ist nicht sinnvoll, sich möglichst viel zu merken und sein Gedächtnis auf Hochleistungen zu trimmen, wenn man hinterher nicht weiß, was man nun mit diesem Berg an Informationen und Daten überhaupt anfangen will. Deshalb treffen Sie bereits hier eine kluge Vorauswahl. Suchen Sie sich aus der folgenden Liste maximal zehn Punkte aus und verknüpfen Sie diese dann wie bereits gewohnt in einem bunten Handlungsstrang miteinander.

Checkliste „Gartenparty":

– Haben Sie die Einladungen rechtzeitig verschickt?

– Wo kann die Party bei schlechtem Wetter stattfinden?

– Was wollen Sie anbieten?

– Machen Sie einen Einkaufszettel!

– Haben Sie genügend Sitzmöglichkeiten?

– Haben Sie an die Gartenbeleuchtung gedacht?

– Welche Dekoration wollen Sie wählen?

– Soll die Party unter einem bestimmten Motto stehen?

– Ist der Grill in Ordnung?

– Haben Sie genügend Kohleanzünder und Spiritus im Haus?

– Haben Sie die Grillzeiten der einzelnen Fleisch-, Wurst- oder Fischsorten bedacht?

– Welche Getränke passen dazu?

- Was bieten Sie als Aperitif an?
- Haben Sie genügend Mineralwasser im Haus?
- Gibt es am Ende der Party einen kräftigen Abschlusssnack?
- Haben Sie vorsichtshalber Ihre Nachbarn informiert (oder eingeladen)?
- Haben Sie genügend Kerzen und Lampions im Haus?
- Wie sorgen Sie für Musik im Garten?
- Können Sie eine Tanzfläche arrangieren (ausgedienter Teppich oder Ähnliches)?
- Haben Sie eine bestimmte Tischordnung vorgesehen? Oder sollen sich Ihre Gäste zwanglos zusammenfinden?
- Haben Sie Spiele oder Tanzspiele vorbereitet?
- Sind genügend Gläser vorhanden?
- Haben Sie Ihr Badezimmer auf die Gäste eingerichtet?
- Sind genügend Vasen für Blumen vorhanden?
- Können Sie Heißgetränke schon in Thermoskannen vorbereiten?
- Können Sie bestimmte Speisen vorbereiten und kaltstellen?
- Welche Speisen müssen vor Ort angerichtet werden?
- Sollen die Gäste etwas zum Buffet beisteuern, zum Beispiel einen Salat?
- Haben Sie jemanden, der Ihnen an diesem Abend zur Hand geht?
- Wo wird die Garderobe abgelegt?

- Sind genügend Parkmöglichkeiten vorhanden?
- Wo können Ihre Gäste telefonieren?
- Haben Sie einen Kostenvoranschlag gemacht?
- Wo können alkoholisierte Gäste notfalls übernachten?

Lösungstipps

- Wenn Sie sehr viele der oben genannten Punkte behalten wollen, sind die Symbole für die Zahlen 1 bis 20 (Übungen 25 und 31) das mit Abstand beste Instrument. Wenn Sie sich nur zehn Punkte merken wollen, ist die Badezimmerliste (Übung 19), ebenfalls sehr nützlich.

- Wenn Sie die Party mit emotionalem Abstand aus der Vogelperspektive betrachten und außerdem Zeit und Geld sparen möchten, dann suchen Sie nur fünf oder sieben Punkte aus. Prägen Sie sich diese wie gewohnt ein.

Lösungsvorschlag

- Die wichtigsten Punkte: Einladungen rechtzeitig raus; Party bei schlechtem Wetter; Einkaufszettel; genügend Sitzmöglichkeiten; Nachbarn eingeladen.

- Die Geschichte: Sie werfen ein Partyeinladungsschreiben, dessen Tinte vom Regenwasser verwischt ist, in Ihren Einkaufskorb; den mit Ihren Einkäufen gefüllten Korb stellen Sie bei Ihrer Rückkehr auf die Gartenbank, auf die sich später ihre Partygäste setzen und zwar zuerst Ihre Nachbarn.

Praxistipp

Es genügt, die mit den Punkten verknüpften Bilder gedanklich „anzutippen", da Ihnen die genaue Ausführung ja geläufig und daher jederzeit greifbar ist. Das Hinführen zur Kurzinformation ist der erste und wesentlichste Schritt des Erinnerns.

Feste Speicherorte einprägen

Übung 19
🕐 **15 min**

Leichter und schneller als mit immer neu auszudenkenden Bildern geht das Abspeichern und Erinnern mit festen Stellen und Plätzen. Üben Sie zum Beispiel mit der folgenden Badezimmerliste eine Folge von Speicherorten ein, die durch nummerierte Bilder repräsentiert werden. (Sie können auch Ihre eigene zehnstellige Liste verwenden.)

1   Türgriff

2   Handtuchhalter

3   Warmwasserboiler

4   Badewanne

5   Duschbecken

6   Brause

7   Fenstersims

8   Spiegelablage

9   Waschbecken

10 Zahnputzbecher

Gehen Sie in der Reihenfolge der Gegenstände im Badezimmer von links nach rechts vor.

Lösungstipp

Wenn Sie Ihr eigenes Badezimmer gewählt haben, können Sie dort zur leichteren Einprägung die Zahlen 1 bis 10 mit Klebepunkten oder Papier und Tesafilm für einige Tage anbringen.

Praxistipps

- Behalten Sie die einmal ausgewählten Plätze bei. Etablieren Sie diese als dauerhaftes System von zehn Ablagepunkten. Es lohnt sich darüber hinaus, die einmal gewählte Nummerierung beizubehalten.

- Feste Speicherorte sind vielseitig verwendbar. Sie können sie je nach Situation mit beliebigen Inhalten belegen, an die Sie sich schnell wieder erinnern wollen.

Einkaufsliste einprägen mithilfe fester Speicherplätze

Übung 20
🕐 **10 min**

Mit der Badezimmerliste lassen sich besonders schnell und sicher – und mit geringem Verknüpfungsaufwand – Einkaufsgegenstände abspeichern und bei Bedarf wieder aufrufen – sowohl komplett als auch einzeln.

Verbinden Sie einen Artikel aus der folgenden Einkaufliste mit einem Ablageort auf Ihrer Badezimmerliste.

1 Socken

2 Kaffee

3 Briefpapier

4 Tomatensoße

5 Waschpulver

6 Kamm

7 Zahncreme

8 Sekt

9 Reißnägel

10 Glühbirnen

Praxistipp

Nun können Sie die Einkaufsartikel jederzeit auch einzeln nach Maßgabe der Nummer des Speicherplatzes abrufen. Diese Fähigkeit bringt Ihnen später bei Gesprächen enorme Vorteile.

Damit Sie jede beliebige Nummer aus dem Zehnerkreis einzeln abrufen können, brauchen Sie eine präzise Vorstellung von Ihrem gesamten Badezimmer, denn diese gewährt Ihnen den gleichzeitigen Überblick über alle zehn Punkte. Das geht nur bildhaft. Ohne bildliche Vorstellung können Sie immer nur zwei oder drei, allerhöchstens aber vier Punkte zur gleichen Zeit gedanklich festhalten. Hier liegt einer der wesentlichsten Punkte der Visualisierung: Ihr Gesichtsfeld wird – gleich dem variablen Winkel einer Kamera – verdoppelt, verdreifacht und noch weiter vergrößert.

Schwere Texte einprägen

Ganze Satzfolgen mithilfe vorhandener Bilder verknüpfen
Übung 21
🕐 **10 min**

Schwere Texte sind nur eine Steigerung von leichten Texten und bekannten Worten. Ein Mensch mit einem normalen, untrainierten Gedächtnis kann sich durchschnittlich an drei bis fünf einfache Sätze erinnern. Vielleicht schaffen Sie etwas mehr?

Testen Sie Ihre Merkfähigkeit: Lesen Sie die folgenden acht Sätze zwei- bis dreimal durch und versuchen Sie anschließend, die Folge lückenlos wiederzugeben – gedanklich oder besser noch schriftlich. Probieren Sie es zuerst in der genannten Reihenfolge, im zweiten Schritt dann rückwärts.

Der Affe klettert auf den Baum.

Fritzchen gießt seine Blumen.

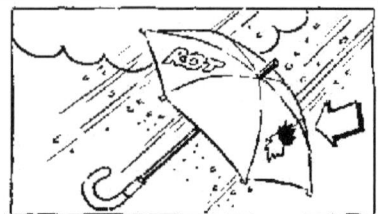

Der rote Regen-
schirm hat ein Loch.

Das Nilpferd rast
durch den Sumpf.

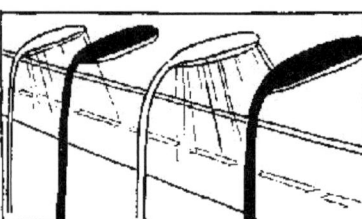

Die Straßenlaterne
geht an und aus.

Der Hausmeister
schläft vor dem
Fernsehgerät ein.

Der Supermarkt hat Ausverkauf.

Die Kirchturmuhr schlägt um 12 Uhr mittags.

Lösungstipps

- Machen Sie den Test am besten dann, wenn Sie sich in Hochstimmung fühlen. Das Lernen geht dann meist viel leichter. Entspannen Sie sich, träumen Sie mit geschlossenen Augen vor sich hin, bis Sie einen angenehmen Zustand der Ruhe erreicht haben. Jetzt produziert Ihr Gehirn sogenannte Alphawellen, wie nach dem Einschlafen oder im autogenen Training, und Ihre Lern- und Vorstellungsfähigkeit nehmen zu.

- Notieren Sie sich die Sätze möglichst in der richtigen Reihenfolge, stellen Sie fest, ob Sätze fehlen, merken Sie sich diese erneut und versuchen Sie nochmals, alle Sätze wiederzugeben. Fahren Sie so lange fort, bis Sie alle Sätze lückenlos und in der richtigen Reihenfolge notieren können.

- Stellen Sie sich noch einmal vor, wie ein Affe auf einen Baum klettert. Ein Bild für den kurzen Moment eines Blitzlichts genügt schon. Jetzt sehen Sie vor Ihrem inneren Auge kurz ein zweites Bild, nämlich wie Fritzchen die Blumen gießt. Sehen Sie deutlich, wie das Wasser aus der Gießkanne herausströmt und die Blumen tränkt. Als Erinnerungsauslöser genügt dieses Bild vollkommen. Auch brauchen Sie sich den Satz nicht wortwörtlich zu merken, sondern nur sinngemäß.

- Es genügt anfangs nicht, wenn Sie an die Bilder nur denken. Sie müssen vielmehr kurz die Augen schließen und sich die Bilder so plastisch und klar wie möglich vorstellen. Stellen Sie sich beispielsweise den Schirm vergrößert und das Loch zerfranst vor. So wird es Ihnen leichter fallen, sich dieses originelle Bild zu merken.

- Jetzt verkoppeln Sie Ihre Bilder zu einer Geschichte: Zum Beispiel springt der Affe dem Fritzchen auf die Gießkanne und dieser gießt dann das Wasser ausgerechnet durch das Loch im roten Regenschirm. Sie werden feststellen, dass Sie sich durch die Verkoppelung zu einer Geschichte nicht nur viel mehr einprägen können, sondern dass sich auch Ihr Vorstellungsvermögen erweitert. Gleichzeitig steigern Sie Ihre Kreativität und Ihre geistige Flexibilität, was sich in einem Mehr an Einfallsreichtum, Humor und Fantasie äußert.

Ganze Satzfolgen mithilfe von eigenen Bildern verknüpfen

Übung 22

🕐 **10 min**

Machen Sie eine kleine Pause, atmen Sie ein paar Mal tief ein und gehen Sie dann mit dem Mehr an Sauerstoff, den Ihr Gehirn jetzt gut gebrauchen kann, an die nächste Übung heran.

Machen Sie sich von jedem der nachfolgenden Sätze ein Bild und verknüpfen Sie die Sätze durch eine Geschichte. Schreiben Sie die Geschichte auf.

1 Die Katze frisst die Maus.

2 Der Ölbohrturm brennt.

3 Das U-Boot taucht unter dem Eisberg durch.

4 Der Waschbär schüttelt sich.

5 Die Mutter kocht ein wundervolles Essen.

6 Der Jäger beobachtet ein Reh.

7 Der Kaminfeger umarmt seine Braut.

8 Der Klempner repariert die Heizung.

9 Der Lehrer gibt heute keine Hausaufgaben auf.

Lösungstipps

- Die Bilder sind eine Stütze für Ihr Gedächtnis. Sie sind Übertragungen der Aussagen und helfen, die „Schallplattenrille" aufzufinden, in der in Ihrem Gedächtnis die entsprechenden Sätze gespeichert wurden. Wir speichern grundsätzlich alles, nur wissen wir oft später nicht mehr, wie und wo wir es wieder abrufen können. Ein Hypnotisierter kann sich beispielsweise auf Kommando an weit zurückliegende Kindheitserlebnisse erinnern, die er in wachem Zustand meint, vergessen zu haben. Es stecken also ungeahnte Möglichkeiten in uns!

- Schreiben Sie auf, was Ihnen spontan einfällt. Wenn Ihre Geschichte noch Lücken hat, füllen Sie diese im zweiten Durchgang.

Folgen komplexer Sätze verknüpfen

Übung 23
⏱ 15 min

Bei dieser Übung werden die Sätze etwas länger. Entwerfen Sie Bilder und verknüpften Sie die verbildlichten Sätze zu einer durchgehenden Geschichte.

1 Die Schaltungen des Computers werden heute ausgebaut.

2 Der Hydrant hat Hochdruck.

3 Der Geschäftsführer der Teilzeitfirma stellt lauter neue Leute ein.

4 Der Rechtsanwalt trägt vor dem Gericht die Verteidigungsrede seines Mandanten vor.

5 Das Hochbauamt genehmigt den Ausbau von Dachgeschosswohnungen.

6 Die Kaugummifirma erhöht den Pfefferminzanteil um 10 Prozent.

7 Der Höhenmesser der Boeing 737 wird durch Radareinflüsse gestört.

8 Die siegreichen Sportler schwimmen eine Ehrenrunde im Olympiastadion.

Lösungstipps

▪ Sie können aufstehen, ein paar Atemübungen machen und ein paar Schritte gehen, damit Ihr Kreislauf wieder besser funktioniert und das Gehirn besser durchblutet wird.

- Lassen Sie sich nicht von den vielen trockenen Begriffen beeindrucken. Auch ein langer Satz lässt sich genauso durch ein einziges Bildchen darstellen wie ein kurzer.

Lösungsvorschlag

In einen großen Raum mit vielen Computern steht ein Mechaniker vor einem der Geräte und ist mit dem Umbau beschäftigt. Hinter ihm steht der Feuerwehrhydrant mit Hochdruck und das austretende Wasser spritzt auf den Mechaniker. Diese Situation nützt der Geschäftsführer der Teilzeitfirma sofort aus. Er fängt austretendes Wasser mit einem Eimer auf und tauft damit symbolisch alle neu eingestellten Leute.

Da dies einigen der neu Eingestellten nicht passt, muss jetzt der Rechtsanwalt des Geschäftsführers eine Rede zu dessen Verteidigung vor dem Oberlandesgericht Baden-Württemberg vortragen. Gleich anschließend hetzt der Geschäftsführer zum Baurechtsamt und bekommt dort endlich die Genehmigung für den Ausbau seiner Dachgeschosswohnung. Gut gelaunt steckt er sich jetzt einen Kaugummi in den Mund und liest auf der Packung, dass der Pfefferminzanteil im Kaugummi um 10 Prozent erhöht worden ist.

Als er den Kaugummi in das ausbaubare Dachfenster klebt, sieht er die Boeing 737 mit dem neu installierten Höhenruder vorbeifliegen. Die Boeing setzt zum Tiefflug an, die siegreichen Olympiasportler springen mit Fallschirmen aus der Maschine direkt in das Schwimmbecken und schwimmen anschließend ihre Ehrenrunde im Olympiastadion.

Übergreifende Koppelungen bilden

Übung 24

🕐 **10 min**

Nehmen Sie den letzten Satz der allerersten Reihe „Die Kirchturmuhr schlägt 12 Uhr mittags" (Übung 21) und den Satz aus der vorhergehenden Übung „Die Schaltungen des Computers werden heute ausgebaut". Verknüpfen Sie diese beiden Sätze miteinander.

Machen Sie eine weitere Koppelung mit dem Satz „Das Hochbauamt genehmigt den Ausbau von Dachgeschosswohnungen" und „Die Katze frisst die Maus". Nachdem Sie auch diese Verknüpfung gebildet haben, wählen Sie sich zur Wiederholung der Übung zwei Sätze aus den Übungen 22 und 23 aus.

Nehmen Sie zum Schluss ein blütenweißes Blatt Papier. Versuchen Sie, sich an alle 25 Sätze aus den vorangegangenen Übungen 21 bis 23 zu erinnern, und notieren Sie diese.

Lösungstipps

- Es reicht aus, wenn Sie pro Satz einfach nur ein Stichwort aufschreiben.

- Lassen Sie sich nicht entmutigen, wenn Ihnen Ihre eigenen Verknüpfungen anfangs etwas unbeholfen erscheinen. Durch das Üben beginnt ein für Ihr gesamtes weiteres Lernen sehr wesentlicher Entwicklungsprozess Ihrer Kreativität, Ihres Vorstellungsvermögens und Ihrer Wendigkeit in der bewusst gesteuerten Kombination spontaner Gedankenbilder.

- Tiefere psychologische Hintergründe zur Persönlichkeitsentwicklung mit Imagination finden Sie in dem Werk des Schweizer Psychologen C. G. Jung mit dem Titel *Archetypen* (dtv, München 2001). Archetypen sind dynamische Urbilder oft unbewusster Art.

Praxistipps

- Sie können sich nach derselben Methode Vorträge, Witze und allerlei andere Dinge besser merken. Achten Sie anfangs darauf, die Reihenfolge der Ereignisse, die ihre Geschichte ausmachen, nicht zu verändern. Als Fortgeschrittener können Sie die Reihenfolge flexibel gestalten. Als sehr Fortgeschrittener werden Sie nicht einmal mehr die bildliche Vorstellung in Ihr Bewusstsein rufen müssen.

- Bei allen Verknüpfungsbeispielen genügt nach einigem Üben ein geringfügiger Ähnlichkeitsreiz, um das ursprüngliche Bild wieder auszulösen. Je länger Sie üben, desto weniger Genauigkeit und Bildverknüpfung sind notwendig.

- Früher oder später werden Sie durch dieses Training Gedankenbilder beliebig auf jede gewünschte Art und Weise und in jeder Richtung umformen können. Diese Fähigkeit hilft Ihnen dann nicht nur beim Merken von Sätzen oder Vokabeln, sondern Sie werden generell bei allen im Leben auftretenden Problemen sofort Lösungsansätze kombinieren können.

Mastertraining – Profi-Techniken anwenden

Im Mastertraining lernen Sie,

- die Zahlensymbole von 1 bis 20 als geniales Werkzeug zur effektiveren Verknüpfung zu nutzen,
- die Blitzlichttechnik anzuwenden, die Ihnen hilft, Situationen und Abläufe schneller zu erfassen;
- Ihr Erinnerungsvermögen rasch zu aktivieren, auch in Extremsituationen.

Darum geht es in der Praxis

Die Zahlensymbole, die wir in diesem Kapitel vorstellen und einüben, sind die effektivste und am häufigsten angewendete Gedächtnisstrategie.

Wenn Sie von den folgenden Übungen eine pro Tag machen, ist dies völlig ausreichend. Umsetzungen, die Sie anfangs nicht für möglich gehalten haben, werden Ihnen nach wenigen Übungsstunden spielerisch und ohne Mühe gelingen. Lassen Sie Ihr kreatives Kinder-Ich zu.

Das eigentliche Ziel des Übens ist, dass Sie mühelos reden können, Namen und Argumente jederzeit auch außerhalb der ursprünglichen Reihenfolge situationsgerecht aus Ihrem Gedächtnis abrufen und schlagfertig präsentieren können.

Eine Prüfung, sei es eine Segelschein-, eine Heilpraktiker- oder eine Aufstiegsprüfung im Job, jede Prüfung, egal welcher Art, dürfte Ihnen nach Durcharbeitung des Trainingsprogramms viel leichter fallen und Ihre Abschlussnoten werden beachtlich sein, denn Sie nähern sich Schritt für Schritt Ihrem Trainingsziel: der Ausbildung Ihrer ganz individuellen fotografischen Gedächtniskapazität, höherer Flexibilität, größerer Fähigkeiten des Vergleichens und des Unterscheidens zwischen Fantasie und Wirklichkeit. Sie finden zu Ihrem eigenen Stil kreativen, künstlerischen Lösungsfindungsdenkens.

Zahlensymbole einprägen und flexibel anwenden

Symbole für die Zahlen 1 bis 12 speichern

Übung 25
🕐 **10 min**

Bitte prägen Sie sich die in der nachfolgenden Tabelle (S. 186) zusammengestellten Symbole gut ein.

Lösungstipp

„Die Worte oder die Sprache, so wie sie geschrieben oder gesprochen werden, scheinen in meinem Denkmechanismus überhaupt keine Rolle zu spielen. Die psychischen Entitäten (Teile), die mir als Elemente des Denkens zu dienen scheinen, bestehen aus gewissen Zeichen und mehr oder weniger klaren Bildern, die sich willentlich reproduzieren und kombinieren lassen." (Albert Einstein)

Dieses Zitat unterstützt unsere Methode, Informationen mithilfe von bewusst verknüpften und abgespeicherten Bildern jederzeit verfügbar zu machen. Wir machen im Prinzip nichts anderes, als Zeichen und Bilder zueinander in Bezug zu setzen, bei Bedarf zu reproduzieren und daraus wieder unsere Worte, sprich Informationen, zurückzugewinnen.

Die Kerze sieht aus wie eine 1.

 Die Fahne hat die Form einer 7.

 Der Schwanen-hals symboli-siert die 2.

 Die Sanduhr sieht aus wie eine 8.

Der Dreizack hat drei Zacken.

 Die Schlange rollt sich zur 9.

Das vierblättri-ge Kleeblatt vertritt die 4.

 Der Golfschläger steht zusammen mit dem Ball für die 10.

 Die Hand hat fünf Finger; sie steht für die Zahl 5.

 Spaghetti und Gabel stehen für die 11.

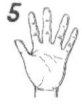 Im Elefanten-rüssel ist eine 6 zu erkennen.

 Die Uhr zeigt zwölf Stunden und ist das Sym-bol für die 12.

Besorgungsliste mit Zahlensymbolen verknüpfen und einprägen

Übung 26

🕐 **10 min**

Prägen Sie sich die folgende Liste mit zwölf Besorgungen für den nächsten Tag ein. Verbinden Sie dazu jede Besorgung mit dem Symbol, das die zugehörige Zahl vertritt. Überprüfen Sie anschließend, ob Sie die einzelnen Punkte der Erledigungsliste korrekt wiedergeben können, indem Sie Ihre Erinnerungen schriftlich fixieren.

1   Schecks von der Bank holen

2   tanken

3   Sekretärin anrufen

4   die Flugtickets einstecken

5   Funktelefon mitnehmen

6   die Präsentationsunterlagen im Konferenzraum bereitlegen lassen

7   den Zweitwagen zur Werkstatt bringen

8   Blumen für den Partner bestellen

9   den Radiowecker einpacken

10 die Marketingstrategie für das neue Produkt mit dem Chef absprechen

11 Theaterkarten für nächsten Samstag vorbestellen

12 dem Schwiegervater telefonisch zum Geburtstag gratulieren

Lösungstipps

- Verknüpfen Sie in Ihrer Fantasie die Schecks mit dem Bild der Kerze, die Tankstelle mit dem Schwan und so weiter, indem Sie jeweils eine kleine, lebendige und einprägsame Geschichte erfinden.

- Falls der eine oder andere Punkt noch nicht so ganz sicher sitzt, verankern Sie ihn einfach noch einmal: Lassen Sie das Bild intensiv, farbig und lebhaft vor Ihrem inneren Auge erscheinen.

Lösungsvorschlag

Zum Vergleich mit Ihren eigenen Verknüpfungen und als Anregung für Ihre Fantasie sind hier unsere Vorschläge:

Als Erstes wollen Sie auf die Bank, um die Schecks zu holen. Es ist noch dunkel und Sie tragen eine Kerze, damit Sie überhaupt etwas sehen.

Sie tanken an einer „Bio-Tankstelle", bei der der Zapfhahn die griffige Form eines Schwanenhalses hat.

Ihre Sekretärin, die Sie anrufen wollen, hat gestern in der Kantine beim Essen mit der Gabel herumgefuchtelt.

Bei der Abfertigung am Flugschalter bekommt jeder Passagier, der sein Ticket dabei hat, seit Neuestem einen Kontrollsticker in Form eines Kleeblatts aufgeklebt.

Sie fühlen sich am wohlsten, wenn Sie „beide Hände voll zu tun haben" – denken Sie an ihr Funktelefon, welches Sie fest greifen.

Der Ordner für die Präsentation hat inzwischen ein ganz schönes Gewicht; am besten lassen Sie ihn vom firmeneigenen Elefanten in den Konferenzraum bringen.

Ihr Zweitwagen hat Startprobleme und muss in die Werkstatt gebracht werden; vielleicht würde er wieder anspringen, wenn er wie ein Rennwagen behandelt würde und Sie beim Start eine große Fahne schwängen.

Die Zeit (Eieruhr) läuft – diesmal dürfen Sie den Geburtstag Ihres Partners aber nicht vergessen und bestellen deshalb die Blumen rechtzeitig.

Kürzlich hatten Sie einen schlimmen Albtraum, in dem Sie von mehreren Schlangen umzingelt waren – zum Glück hat dann plötzlich der Wecker geklingelt.

Vielleicht sollten Sie Ihren Chef zum Golfspiel einladen; auf dem Golfplatz ist er erfahrungsgemäß immer sehr aufgeschlossen gegenüber neuen Ideen – gute Voraussetzung für Ihr neues Marketingkonzept!

Nach dem Theater könnten Sie eigentlich noch gemütlich italienisch essen gehen; es brauchen ja nicht unbedingt Spaghetti zu sein.

Um 12 Uhr macht Ihr Schwiegervater täglich seinen Mittagsschlaf, also sollten Sie ihn vor 12 Uhr oder nach 15 Uhr anrufen.

Reihenfolge der Gedächtnisabfragen ändern

Übung 27
🕐 **5 min**

Wenn Sie alle zwölf Erledigungen vorwärts und rückwärts beherrschen, werden Sie nicht die geringsten Schwierigkeiten haben, sich an jede einzelne Erledigung, unabhängig von deren Position in Ihrer Liste, zu erinnern. Machen Sie die folgende Probe:

– Welche Aufgabe stand an sechster Stelle?

– Was wollten Sie zuerst erledigen?

– Was stand an letzter Stelle der Liste?

Die persönlichen Schwerpunkte notieren und verknüpfen

Übung 28

🕐 **10 – 20 min**

Notieren Sie die zehn Bereiche, die in Ihrem Leben die größte Bedeutung haben. Sortieren Sie diese anschließend nach ihrer Wichtigkeit. Im letzten Schritt verknüpfen Sie die zehn Punkte mithilfe der Zahlensymbole.

Lösungstipp

Zum Beispiel:

1 Partnerschaft

2 Beruf

3 Urlaub

4 Hobby

5 Freunde

6 Altersvorsorge

7 Ausbildung der Kinder

8 Versorgung der Eltern

9 Gesundheit

10 Großeltern

Lösungsvorschläge

1 Ich esse gemeinsam mit meinem Partner bei Kerzenschein zu Abend.

2 Im Beruf brauche ich einen festen Stand wie der Schwan auf seinen breiten Füßen. Ich muss viel umherschnattern und mich manchmal mit den Flügeln wehren.

3 Im Urlaub könnte ich in Ägypten tauchen gehen. Vielleicht träfe ich dabei Poseidon mit seinem Dreizack.

Praxistipp

Wenn Sie sich die zehn wichtigsten Bereiche Ihrer Lebensgestaltung immer einmal wieder vor Augen führen, dann können Sie Ihre Aufmerksamkeit gezielt auf diejenigen Punkte richten, in denen Sie vordringlichen Reflexions- und Handlungsbedarf sehen. Dies ist der erste Schritt zu mehr Ausgewogenheit in Ihrem Leben.

Zehn Filmtitel speichern   **Übung 29**
🕐 5 – 8 min

Eine weitere Liste zum Üben ist die Liste der zehn Filme, die Ihnen besonders gefallen beziehungsweise die für sie eine besondere Bedeutung haben.

Gehen Sie im Geist die Filme durch, die Sie in der Vergangenheit gesehen haben, notieren Sie diese und sortieren Sie sie nach abnehmender Bedeutung. Verknüpfen Sie die Filme im letzten Schritt mit den Zahlensymbolen.

1 _____

2 _____

3 _____

4 _____

5 _____

6 _____

7 _____

8 _____

9 _____

10 _____

Zehn Märchenfiguren speichern

Übung 30
🕐 **10 min**

Schauen Sie sich die folgenden zehn Figuren aus den alten Märchen an und bilden Sie Verknüpfungen mit den Zahlensymbolen.

1 Schneewittchen

2 der Froschkönig

3 Dornröschen

4 Zwerg Nase

5 Aschenputtel

6 Prinz Eisenherz

7 das tapfere Schneiderlein

8 Rotkäppchen

9 der Eisenhans

10 der gestiefelte Kater

Praxistipp

Diese Übung können Sie für sich persönlich nutzen, indem Sie an die Stelle der zehn Märchenfiguren beispielsweise Ihre zehn wichtigsten Kunden setzen.

Den Zahlenraum erweitern

Symbole für die Zahlen 13 bis 20 speichern

Übung 31
🕐 **20 min**

Mit den Zahlensymbolen bieten wir Ihnen ein System an, mit dessen Hilfe Sie all das Neue, das Sie sich merken wollen, im Langzeitgedächtnis abspeichern können – und bei Bedarf sofort wieder finden!

Damit Sie mit diesem Codesystem noch etwas flexibler umgehen können, erweitern wir es bis zur Zahl 20. Prägen Sie sich die Symbole für die Zahlen 13 bis 20 (s. S. 196) genau ein.

Lösungstipp

Sie können alle 20 Symbole auf ein Blatt kopieren (oder abzeichnen) und dieses eine Zeit lang in Ihrer Wohnung aufhängen. Über dem Bett, am Badezimmerspiegel, auf der Kühlschranktür oder wo immer Sie wollen. Wählen Sie eine Stelle, die Sie im Laufe des Tages automatisch öfters anschauen. Mithilfe dieser Erinnerungsstütze prägen sich Ihnen die Symbole fast von selbst ein.

Der Schwanz und der gekrümmte Rücken der Katze bilden eine 13.

Der Doppelblitz formt eine 14.

 In der linken Wand des Aufzugs und der gebeugten Gestalt lässt sich eine 15 ausmachen.

Der Angelstock und die gebogene Schnur sehen aus wie eine 16.

 Die Kanten des Geodreiecks bilden eine 17.

Die linke Wand und die Schlupflöcher des Holzhäuschens ergeben eine 18.

 Schnur und Ballon formen zusammen eine 19.

Die geschwungenen Kufen des Schlittens bilden gemeinsam mit dem zusammengekauerten Passagier die 20.

Eine Speisekarte einprägen   Übung 32
🕐 10 min

Stellen Sie sich die folgende Situation vor: Sie mussten im Restaurant nach Erhalt der Speisekarte eine Zeit lang warten, bis der Kellner wieder an Ihren Tisch kam, um Ihre Bestellung aufzunehmen. Während Ihre Kollegen noch in eine nebensächliche Diskussion vertieft waren, haben Sie die ersten 16 Gerichte mit den entsprechenden Zahlensymbolen verknüpft. Sie schlagen die Speisekarte demonstrativ zu und sprechen vergnügt über die ersten 16 Gerichte, die Sie nun mühelos aus Ihrem Gedächtnis abrufen können. Als der Kellner erscheint, teilen Sie diesem scherzhaft mit, dass Sie inzwischen die Speisekarte auswendig gelernt haben.

Üben Sie mit der folgenden Speisekarte:

1 Gemüsepizza

2 Sommerliche Salatplatte

3 Kohlrabi-Auflauf

4 Gemüserisotto

5 Vollkornnudeln mit Zucchini

6 Grünkernfrikadellen und Pellkartoffeln

7 Gemüsesuppe mit Weizen

8 verlorene Eier auf Kartoffelpüree

9 Apfelpfannkuchen

10 Linsenbratlinge auf Rösti

11 Zwiebelrostbraten

12 Cordon bleu vom Hähnchen

13 Tsatsiki mit geröstetem Baguette

14 überbackene Maultaschen

15 Eis mit heißen Himbeeren

16 Crêpes mit Nougatfüllung

Lösungsvorschläge

Sie könnten zum Beispiel mitten auf die Gemüsepizza eine schöne Kerze stellen, die Salatplatte auf einem weißen Schwan servieren, versuchen, den Kohlrabi-Auflauf statt mit der Gabel mit einem Dreizack zu essen und so weiter.

Praxistipp

Mit den Symbolen für die Zahlen 1 bis 10 war es ganz leicht, sich zehn Erledigungen (oder auch etwas anderes) per Verknüpfung zu merken. Das Beeindruckende daran ist, dass Sie diese Fakten auch außerhalb der ursprünglichen Reihenfolge sowie einzeln und rückwärts abrufen können. Kinder und auch Erwachsene mit sehr gutem Vorstellungsvermögen können den Zehnerschlüssel leicht auf 100 Positionen erweitern, indem sie die einzelnen Symbole in zehn verschiedene Farben „tauchen", zum Beispiel helle Farben für die Zahlen 10 bis 50 und dunkler werdende Farben für die Zahlen 50 bis 100. Diese Farbkontrastabstufung erleichtert die Merkfähigkeit. Also: 1 bis 10 in Weiß, 10 bis 20 in Gelb etc. Auch die Kombination von zwei Symbolen zu einer zweistelligen Zahl ist denkbar.

Eine Urlaubsliste einprägen   Übung 33
🕑 15 min

Speichern Sie die folgende Liste von Vorbereitungen, die Sie auf keinen Fall versäumen dürfen, wenn Sie in Urlaub fahren wollen.

1   Reiseschecks bei der Bank beantragen

2   Hausmeister verständigen

3   Reisepass mitnehmen

4   Visa rechtzeitig beantragen

5   Versorgung für die Haustiere finden

6   Blumengießen mit den Nachbarn vereinbaren

7   Flugtickets nachchecken

8   bei der Bahn Platzreservierungen vornehmen

9   den Kofferinhalt auf Vollständigkeit überprüfen

10 Schwimmausrüstung nicht vergessen

11 leichte Kleidung besorgen

12 Impfpass einstecken

13 Nachsendeauftrag bei der Post einreichen

14 offene Rechnungen bezahlen

15 Miete im Voraus bezahlen

16 Stromrechnung mit den Stadtwerken abklären

17 Anrufbeantworter überprüfen

Praxistipp

Sie können die Zahlensymbole ohne weiteres durchgängig verwenden, um sich verschiedene Listen hintereinander einzuprägen, wenn es sich dabei um unterschiedliche Dinge (zum Beispiel Einkaufslisten und die Gliederung eines Vortrags) handelt. Ähnliche Sachen, wie zum Beispiel zwei Erledigungslisten, sollten Sie jedoch mithilfe von verschiedenen Methoden speichern. Hier noch einmal das Repertoire der Methoden, die Sie im Laufe dieses Buches kennengelernt haben:

- Kettenmethode (siehe Übungen 15 und 16)
- Badezimmerliste (siehe Übung 19)
- Zahlensymbole 1 bis 20 (siehe Übungen 25 und 31)

Tagesaufgabenliste einprägen

Übung 34
🕐 **10 min**

Versuchen Sie es nun einmal bewusst mit Dynamik und Bewegung im Bild. Erfinden Sie positive, optimistische und aufbauende Bilder. Gehen Sie dazu von den folgenden Wortpaaren aus:

8 Uhr	Blumen für Geburtstag Frau
9 Uhr	an Besprechungstermin erinnern
10 Uhr	Antwortschreiben am Firma EDV-Systems
11 Uhr	Rücksendung des Vertrags
12 Uhr	Kopiererreparatur veranlassen
13 Uhr	Besprechungsunterlagen für Mitarbeiterversammlung herrichten
14 Uhr	Herrn Müller anrufen
15 Uhr	Flugticket besorgen
16 Uhr	Preis mit Konkurrenz vergleichen
17 Uhr	Angebot einholen

Lösungstipp

Denken Sie sich eigene, recht ausgefallene und ruhig auch alltagsferne Verknüpfungen aus.

Lösungsvorschläge

- Sie schneiden die Sanduhr oben auf, füllen sie mit Wasser, stellen den Blumenstrauß hinein und überreichen diesen Ihrer Frau.

- Sie schlängeln sich durch eine große Menschenmenge hindurch, um zum Besprechungsraum zu gelangen. Auf dessen Tür ist zufällig eine große Schlange abgebildet. An der Besprechung nimmt ein Mitarbeiter teil, der immer durch die Zähne zischt, wenn er etwas Wichtiges sagt, und dabei mit dem Oberkörper pendelt.

- Sie knüllen das Antwortschreiben an die Firma EDV-Systems zu einer Kugel zusammen und befördern es mit dem Golfschläger durchs offene Fenster zu EDV-Systems, denn die Firma befindet sich in Ihrer Nachbarschaft.

Checkliste für den Arbeitsbeginn einprägen

Übung 35
🕐 **10 min**

Speichern Sie zur Abwechslung einmal die folgende Liste mithilfe der Symbole für die Zahlen 11 bis 20:

11 Habe ich meinen Schreibtisch aufgeräumt?

12 Welchen Vorgang muss ich zuerst bearbeiten?

13 Sind alle notwendigen Unterlagen verfügbar?

14 Was muss ich noch beschaffen?

15 Sind noch Telefonate zu führen?

16 Muss ich noch mit anderen Mitarbeitern sprechen?

17 Muss ich die Aufgabe eventuell in einzelne Schritte zerlegen?

18 Wann will oder soll ich mit der Aufgabe fertig sein?

19 Wo habe ich noch Reservezeiten eingebaut?

20 Was hindert mich eigentlich, sofort anzufangen?

Lösungsvorschläge

- Habe ich meinen Schreibtisch aufgeräumt oder liegt noch alles wild übereinandergestapelt neben dem Teller mit den nur halb gegessenen Spaghetti vom Italiener? (Symbol für die Nummer 11)

- Welchen Vorgang muss ich zuerst bearbeiten? Da stelle ich den Wecker drauf, damit er durch sein Klingeln an die Dringlichkeit erinnert.

- Sind alle notwendigen Unterlagen verfügbar? Alle notwendigen Unterlagen packe ich in eine Tasche, die ich der
  Katze umhänge, die dann damit losmarschieren kann.

- Den Blitz lasse ich in alle Dinge einschlagen, die ich noch
  besorgen muss, beispielsweise auch in den Beamer, den
  ich noch bereitstellen muss.

Betriebsmemory im Handwerk nachvollziehen

Übung 36

🕐 **15 min**

Betrachten Sie das folgende Beispiel aus der Praxis: Der Geschäftsführer eines großen Innenausstatters hat in seinem Betrieb die Zahlensymbole als Gedächtnisstützen eingeführt. Zusammen mit seinen Mitarbeitern hat er eine Art „Betriebsmemory" in Form einer 20-Punkte-Liste erstellt, die die elementaren Arbeitsaufgaben zusammenfasst. Diese Liste ist an jedem Arbeitsplatz gut sichtbar aufgehängt. Versetzen Sie sich in die Lage eines Mitarbeiters der Firma und prägen Sie sich die folgende Aufgabenliste ein.

1 Beckenkartonagen vor Schlosserei

2 Großkartonagen zerschneiden auf Palettengröße

3 Presse sauber verlassen

4 Becken nicht unverpackt zurückstellen

5 Platten plan lagern

6 Maschinen nicht überlasten

7 Pigmentflaschen und Arbeitsfläche und Becher sauber halten

8 Ölen der Tische

9 Fräse an ihren Platz zurücklegen

10 frühzeitige Meldung offensichtlicher Mängel

11 Holzplattenabschnitte kleiner als 2 m x 60 cm: in Plattenwagen an der Tischkreissäge stellen

12 aufräumen abends zehn Minuten, wöchentlich eine Stunde.

13 Staub vermeiden

14 Zeichnung nach dem Schleifen in die Tasche an Günters fahrender Einsatzzentrale

15 nach dem Fräsen Maschinentische an den Fräsen mit Dia-Fräswerkzeug hochfahren

16 Belieferung der Firma Werden, zugeteilt vom Meister

17 Und ist der Auftrag noch so klein, er muss korrekt gestempelt sein.

18 Stempelkarte und Zeichnung müssen die gleiche Bezeichnung haben.

19 nichts auf den Vakuumsack legen

20 Werkzeug aus der Schlosserei zurückbringen

Praxistipp

Die Symbolreihe lässt sich firmenspezifisch auf beliebige Arbeitsabläufe anwenden. Die Liste kann auch kürzer sein und zum Beispiel sieben Punkte für jede Abteilung umfassen.

Schneller erfassen mit der Blitzlichttechnik

Eine Folge von Werbespots einprägen

Übung 37

◔ 10 min

Schalten Sie Ihr Fernsehgerät ein und warten Sie die Werbepause ab. Verknüpfen Sie den ersten Werbespot mit der Kerze als Symbol für die Zahl 1. Beschleunigen Sie den Verknüpfungs- und Speichervorgang, indem Sie die Kerze *gedanklich* gegen das Bild auf dem Fernsehschirm schleudern. Beim Erscheinen des zweiten Spots tun Sie dasselbe mit dem Schwan für die Nummer 2. Werfen Sie Ihren flatternden Schwan einfach gedanklich in die Bildszene hinein. Zack! Peng! ... und stellen Sie sich das Zusammentreffen für einen Moment bildlich vor. Dasselbe tun Sie mit der Zahl drei für den dritten Werbespot und so weiter.

Lösungstipps

▪ Beim gedanklichen „Hineinschießen" des Zahlenbildes in den Fernsehbildschirm fällt die bisher bewusst gestaltete Verknüpfung weg, stattdessen entsteht sie in einer hundertstel Sekunde automatisch durch den Aufprall. Verbales Denken ist wesentlich langsamer.

▪ Auch in einer gefährlichen Situation schalten wir auf die Dominanz der rechten Gehirnhälfte um, weil das schnellere, ganzheitliche Begreifen der Lage bessere Voraussetzungen schafft, um ruhig und situationsadäquat zu handeln. Bei Lebensgefahr und Todesnähe sehen wir sogar im Zustand der Zeitlosigkeit den inneren Lebensfilm ablaufen, wie es viele Gerettete berichtet haben. Die Natur schätzt die Leistungsfähigkeit der rechten, anscheinend „unvernünftigen" Gehirnhälfte wesentlich höher ein.

- Bei einer sehr schnellen Abfolge von Ereignissen können Sie sich immer nur den Kernpunkt des Geschehens merken. Lassen Sie sich dadurch nicht irritieren. Sie werden nach wenigen Übungstagen die verblüffende Entdeckung machen, dass Sie bei all den Werbespots, von denen Sie sich nur das Hauptereignis gemerkt haben, trotzdem fast alle Nebenereignisse, die entweder im Bild gezeigt oder die zusätzlich erzählt wurden, fast lückenlos abrufen können.

- Selbst wenn im Fernsehen einmal kein Bild oder Szenenausschnitt gezeigt wird, so stellen Sie sich das Ereignis einfach bildlich vor und verfahren mit dem Fantasiebild genau so wie mit einem wirklichen Bild.

Praxistipp

Natürlich merken Sie sich die Werbespots nur zum Zweck des Trainings. Sie können die Übung in Ihren Alltag übertragen, indem Sie zum Beispiel bei der Vorstellung eines neuen Produkts auf einer Messe dessen Eigenschaften mit der Blitzlichttechnik erfassen. Oder Sie merken sich, wenn Sie das Protokoll eines Vortrags erstellen wollen, nur die wesentlichen Stichworte zu den einzelnen Gedankengängen.

Eine Folge von TV-Nachrichten einprägen (Teil 1)

Übung 38
🕐 **12 min**

Mit dieser Übung trainieren Sie beispielsweise das Erfassen und Einprägen von mit großer Geschwindigkeit vorgetragenen Kundenäußerungen. An die Stelle der Kundenäußerungen treten übungshalber Fernsehnachrichten.

Verfolgen Sie die Abendnachrichten im Fernsehen und erfassen und speichern Sie die einzelnen Meldungen mithilfe der Zahlensymbole. Wenden Sie die Blitzlichttechnik an, die Sie in der vorhergehenden Übung kennengelernt haben.

Lösungstipp

Machen Sie diese Übung auch zu zweit und vergleichen Sie anschließen Ihre Verknüpfungen und Ihre dadurch erreichte Gedächtnisleistung.

Lösungsbeispiel

Es ist der 1. April.

Die erste Meldung wird aus Hamburg übertragen. Dort ist Hochwasser. Die Keller sind überschwemmt. Die Feuerwehr ist emsig mit dem Auspumpen beschäftigt. Sie werfen die Kerze (Symbol für die 1) in einem Keller vor die Füße eines Feuerwehrmannes.

Die zweite Meldung stammt aus Berlin. Dort sind Studenten-unruhen. Sie sehen Demonstranten mit Transparenten durch die Stadt ziehen. Sie schleudern den flatternden Schwan mitten unter die Menschenmenge.

Als Drittes wird über die Erfindermesse in Nürnberg berichtet. Deutsche Ingenieure haben unter Einsatz von Styropor Wo-chenendhäuser entwickelt, die sehr leicht, gut wärmeisoliert und preisgünstig sind. Sie nehmen Ihren Dreizack und spie-ßen in Gedanken ein Styroporhaus auf.

Die vierte Meldung handelt von Tokio. Dort ist die Luft ver-schmutzt. Smogalarm. Die Behörden hängen am Straßenrand alle 100 Meter Sauerstoffflaschen auf. Sie kleben ein Klee-blatt auf eine der Flaschen – fertig!

Die fünfte Nachricht kommt direkt von der Mündung des Amazonas in Südamerika. Englische Sporttaucher haben ein altes U-Boot entdeckt und geöffnet. Siehe da – es ist voll mit Goldbarren. Sie halten Ihre Hand darauf und ergreifen die Barren.

Sechstens: Studenten haben in Freiburg etwas gegen das Waldsterben getan, indem sie die Tannenspitzen gegen den sauren Regen mit Kalk angestrichen haben. Sie stellen sich vor, der Elefant hätte den Kalk mit dem Rüssel verspritzt.

Nummer sieben: Die Amerikaner haben eine Sonde zum Planeten Venus geschickt, die mit Gesteinsproben zurückgekehrt ist. Sie stecken die Flagge in die Gesteinsproben.

Achte Meldung: Einigen Konstrukteuren in Zürich ist es endlich gelungen, das erste fliegende Auto zu erproben. Bei Parkplatznot drücken Sie einfach auf einen Knopf, erheben sich mit Ihrem Wagen in die Lüfte und landen auf der nächsten Wiese. Besonderes Kennzeichen: Sanduhr als Kühlerfigur.

Die neunte Nachricht: Antarktisforscher haben einen Schneemenschen aus dem ewigen Eis herausgehackt und am Ofen aufgetaut. Plötzlich spricht der Fremde fließend Englisch. Sie stellen sich vor, wie sich eine Schlange aus seinem buschigen Haar erhebt.

Zehntens: Die Gedächtnistrainer Europas treffen sich im Münchener Hotel Hilton. Jeder hat 100 nummerierte Witze, die alle kennen, mit Bildpointen gekoppelt. Einer ruft 27, alle lachen. Ein anderer ruft 39, alle lachen. Ein Schüchterner sagt 37, niemand lacht. Da stößt ihn sein Nachbar mit dem Ellbogen an und flüstert: „Wissen Sie, Herr Kollege, es kommt immer darauf an, wie man einen Witz erzählt." Alle gehen zum Golfspiel vor das Hotel. Einer ruft 101. Alle lachen, denn der neue Witz hat schon die Runde gemacht. Schöner Zufall:

Das Golfspiel – das Symbol für die Zahl 10 – taucht schon in der eigentlichen Meldung auf.

Praxistipp

Unsere fleißig übenden Seminarteilnehmer, Außendienstler und Verkäufer favorisieren inzwischen ebenfalls die Blitzlichtmethode. So ist es ganz leicht, auch während des Gesprächs Kundenäußerungen abzuspeichern und in das spätere Gespräch wieder einfließen zu lassen. Das funktioniert nicht nur mit drei oder vier Bemerkungen des Kunden, sondern locker auch bei sieben bis zehn. Auf diese Weise erreichen Sie einen rhetorischen und verkaufstechnischen Vorsprung, der mit den Basismethoden nicht so leicht zu erlangen ist.

Eine Folge von TV-Nachrichten einprägen (Teil 2)

Übung 39
🕐 **15 min**

In dieser Übung geht es darum, die Bildfläche des Verknüpfens, die wir anfangs mit viel Fantasie ausgedehnt und durch Geschichten ausgeschmückt hatten, wieder zu verkleinern.

Versuchen Sie, unmittelbar nach dem Hören oder Sehen der täglichen Nachrichten davon so viele wie möglich in Form von Stichworten wiederzugeben. Versuchen Sie dann, anhand der wiedergegebenen Stichworte möglichst viele Meldungen zu rekonstruieren.

Lösungstipps

- Mit der jetzt antrainierten stärkeren, klareren und flexibleren Vorstellungskraft gewappnet, genügen uns auch geringfügige Bildreize als Eselsbrücken. Für einen Laien, der nie geübt hat, ist diese Umkehrung schwer einsehbar. Doch diese Technik erstaunt auch versierte Lehrer immer wieder.

- Ketten Sie während der Nachrichtenaufnahme Stichworte und einzelne Bilder in Bandwurmform mit Humor und Einfallsreichtum aneinander. Benutzen Sie die Einzeldaten als Erinnerungsstützen, mit deren Hilfe Sie den Großteil der Gesamtinformation wiedergeben können.

- Wenden Sie bei derselben Übung mehr Vorstellungsvermögen an, indem Sie sich die Informationen direkt jedes Mal in der Praxis vorstellen. Verknüpfen Sie Praxisvorstellungsbilder miteinander; benutzen Sie Fantasie und Eselsbrücken.

- Stellen Sie sich die Praxisbilder so flexibel vor, dass Sie sie in Ihrer Fantasie nacheinander auf Gegenständen Ihrer Wohnungseinrichtung ablegen können und zwar immer schneller in der Reihenfolge der Möbelanordnung von rechts nach links oder umgekehrt. (Denken Sie an die Badezimmerliste.) Benutzen Sie auch andere Räume, um sie mit Vorstellungsbildern voll zu stellen, gehen Sie dann auf bekannte Wege und Plätze über.

- Wenn Sie die Zahlensymbole beherrschen, koppeln Sie die Kernsätze (oder Kernbilder) unmittelbar sofort an die einzelnen Zahlenbilder und die Wiedergabe der Nachrichten in der richtigen Reihenfolge wird Ihnen von nun an keine Schwierigkeiten mehr bereiten. Blenden Sie die Bildsymbole nur noch in die verbilderte Meldung ohne Kopplung hinein. Mit der fortgeschrittenen Methode arbeitet Ihr Gedächtnis so schnell wie der Blitz.

Praxistipp

Üben Sie so oft wie möglich, um durch Wissen, Systematik und Training in Kürze einen ganzen Vortrag aus dem Gedächtnis wiedergeben zu können. Dies ist, aus dieser Grundübung abgeleitet, tatsächlich möglich. Es wird Ihnen bald gelingen, den Inhalt eines kurzen Gesprächs wiederzugeben.

Zeitungsnachrichten einprägen	**Übung 40** 🕐 **10 min**

Merken Sie sich beim Frühstück die ersten zehn wichtigen Nachrichten in der Zeitung und verblüffen Sie Ihr Umfeld damit.

Lösungstipps

- Kürzlich habe ich mit einer Gruppe bei der Firma Bosch die Mitarbeiterzeitschrift „BoschZünder" als Übungsobjekt benutzt. Dabei haben wir entdeckt, dass das reine Abspeichern der Überschrift noch nicht ausreicht, um die entsprechende Nachricht später in Erinnerung zu rufen. Vielmehr müssen wir erst die ein, zwei Aussagen unter der Überschrift und dann noch ca. 10 bis 15 Zeilen des Haupttextes gelesen haben.

- Das Interessante hierbei ist, dass unter diesen Voraussetzungen ein einziges stellvertretendes Bild genügt, um den gelesenen Rest aus dem Gedächtnis wiederzugeben, ohne dass diese Zusatzinformationen bewusst abgespeichert wurden.

- Der wichtigste Erinnerungsvorgang ist das erste Anklicken der Sache als solcher. Unser verbales Gedächtnis lässt uns gerade hier sehr schnell im Stich. Es ist wie bei einem Karussell: Aus dem untrainierten Gedächtnis können wir in der Regel nur sieben bis acht Figuren abrufen; alles, was diese Menge übersteigt, fällt heraus.

- Mit unserem Bildspeicher dagegen können wir die Menge an Zeitungsmeldungen, an die wir uns erinnern, schon nach ein bis zwei Übungsstunden auf das Drei- oder Vierfache steigern.

Abstrakte Texte einprägen   Übung 41
20 min

Eine sehr wichtige Übung ist das Einprägen von ganzen Sätzen und abstrakten Texten. Knüpfen Sie an die Übungen 21 bis 24 „Schwere Texte merken" an und prägen Sie sich die folgenden Lebensweisheiten ein.

1   Nur wer sein Ziel kennt, findet den Weg.

2   Für deine Lebensumstände bis du oft selbst verantwortlich.

3   Deine Gedanken sind dein größter Reichtum.

4   Glaube an deine Fähigkeiten.

5   Lächle und die Welt lächelt zurück.

6   Ändere deine Situation oder deine Einstellung.

7   Eine helfende Hand findest du am Ende deines Armes.

8   Mache aus jedem Tag das Beste.

9   Der Wille öffnet die Türen zum Erfolg.

10 Wer mit der Unlust lebt, lebt falsch.

Lösungstipps

- Sie werden sicherlich schon festgestellt haben, dass Sie sich ganz konkrete Dinge wie zum Beispiel eine Erledigungsliste sehr leicht merken können. Sobald Aussagen oder Sätze etwas abstrakter werden, wie zum Beispiel Gesetzestexte oder Fakten für eine Steuerberaterprüfung, wird es wesentlich schwieriger, einmal aufgenommene Informationen zu behalten, weil der Bildstoff knapper wird und weil wir nur ein Schriftliches vor uns haben, unter dem wir uns vielleicht nicht allzu viel vorstellen können. Diese Faktoren werden auch vom Normalgedächtnis sehr rasch vergessen, oft schon nach wenigen Minuten.

- Nun ist es mit etwas Fantasie trotzdem möglich, auch zu abstrakten Worten ein konkretes Bild zu entwickeln. Für Liebe kann ich mir ein Herz vorstellen und für Erfolg einen strahlenden Manager. Trotzdem gibt es Texte, die es uns schwer machen, selbst entfernte Bildähnlichkeiten ausfindig zu machen. Wir gelangen dann schnell an die Grenzen unserer Vorstellungskraft. Ich bin mit dem Problem derzeit intensiv konfrontiert, weil ich einigen Steuerberatern durch die Prüfung helfe. Hier ist die Lösung auch, sich selbst eine abstrakte Sache so weit wie möglich in der praktischen Ausführung, also konkretisiert vorzustellen. Dazu ist wieder Fantasie die allerbeste Lösung. Wenn Sie üben, können und sollten Sie die Grenzen er Wirklichkeit weit hinter sich lassen. Der große Vorteil der Visualisierung ist, dass keiner unserer fünf Sinne die Welt unserer Vorstellung so dramatisch schnell erweitern kann wie das Sehen. Entspannung können Sie danach wieder erlangen durch das Hören ruhiger Musik als Ausgleich oder durch eine körperliche Arbeit, zum Beispiel im Garten.

- Inzwischen sind Sie übungstechnisch so weit fortgeschritten, dass Sie sich auch längere und weniger konkrete Sätze leicht sinngemäß merken können. Anfangs werden Sie noch ein konkretes Praxisbeispiel – etwa eine persönliche Erfahrung beziehungsweise ein persönliches Erlebnis – zu Hilfe nehmen, später genügt oft ein ganz geringer selbst ersonnener Verknüpfungsansatz, um den kompletten Satz in Erinnerung zu rufen.

Argumente im Autokaufgespräch parat halten

Sie erhalten einen wesentlichen Verhandlungsvorsprung durch mehr und treffendere Argumente, die Sie zielsicher einbringen können. Wenn Sie zum Beispiel eine Reihe von Argumenten abgespeichert haben, können Sie im Gespräch mit dem Verkäufer ganz offen und flexibel auf Ihre Wünsche und den Verlauf des Gesprächs reagieren. Sie brauchen nicht krampfhaft an einer starr einstudierten Reihenfolge festzuhalten, denn Sie können sich nach Bedarf an das jeweils fehlende Argument sofort erinnern. Auch wenn das Gespräch von der intendierten Reihenfolge abweicht, hilft Ihnen das Gerüst Ihrer Zahlensymbole, um an jeder beliebigen Stelle wieder einzusteigen, Argumente vorzuziehen oder zurückzustellen, ganz wie es die Situation erfordert.

Stellen Sie sich vor, Sie wollen einen Gebrauchtwagen kaufen. Merken Sie sich die folgenden Aspekte, die dabei für Sie wichtig sind:

1 Wie alt ist das Fahrzeug und wie hoch ist der Kilometerstand?

2 Wie viele Vorbesitzer hatte es?

3 Wie hoch ist der durchschnittliche Benzinverbrauch?

4 Hatte das Fahrzeug schon einmal einen Unfallschaden oder größere Reparaturen?

5 In welchem Zustand sind die Bremsen?

6 Wie groß ist der Kofferraum?

7 Wie viel kostet der Wagen an Steuern?

8 Hat das Auto Airbag und ABS?

9 Bietet der Händler eine Gebrauchtwagengarantie an?

10 Nimmt er meinen Altwagen in Zahlung?

11 Wo kann ich den Wagen bei Bedarf möglichst preisgünstig reparieren lassen?

12 Darf ich eine Probefahrt mit der ganzen Familie machen?

Verkaufsargumente parat halten

Übung 43
🕐 **15 min**

Die Zürcher Computerfirma schickt ihren Starverkäufer, und dieser muss sich die elf nachfolgend aufgeführten Punkte für das Verkaufsgespräch zurechtlegen und einprägen

Prägen Sie sich die Liste ein und versetzen Sie sich in die Situation des Verkäufers. Bitten Sie einen Freund, die Rolle des zu gewinnenden Kunden einzunehmen. Stellen Sie mit ihm gemeinsam ein Verkaufsgespräch nach.

1　Unser Bildschirm ist farbig.

2　Zu jedem Bildschirm wird ohne Aufpreis eine Maus geliefert.

3　Der Kunde bekommt zusätzlich zu seiner Anlage ein Paket Computerspiele geschenkt.

4　Wir geben auf unsere Produkte zwei Jahre Garantie.

5　Ebenfalls zwei Jahre lang werden Software-Neuerungen (Updates) nachgeliefert.

6　Der Kunde bekommt eine eigene Hotline vom Herstellerwerk nach Sizilien gelegt.

7　Die Computerfirma schickt einen Einweiser, der zehn Tage im Architekturbüro bleibt und den Mitarbeitern die neue Anlage an Ort und Stelle erklärt.

8　Die gesamte Anlage kostet nur 400 000 Euro.

9   Wir sind sehr flexibel, wenn es um die Gewinnung von Neukunden geht, und so akzeptieren wir auch ungewöhnliche Zahlungsmittel, zum Beispiel Grundstücke.

10 Ich weiß, der Verkaufsleiter hat es mir persönlich beim Golfspielen gesagt: Dieser Kunde ist aufgrund des Standortes seiner Firma sehr wichtig. Mit ihm könnten wir den Markt im gesamten Süden aufrollen. Wenn wir es schaffen, dass er bei uns kauft, haben wir ein Pilotprojekt gestartet und können andere potenzielle Kunden zur Besichtigung hinschicken. Ich darf im Ernstfall auch preislich nachgeben und zwar um bis zu 40 Prozent, damit dieser Kunde einen Kaufvertrag abschließt.

11 Ich will dem Architekten vorschlagen, ein Fest für Arbeitskollegen zu veranstalten. Vielleicht hat er ja noch andere Geschäftsverbindungen, zum Beispiel zu Architekturverbänden in Tunesien, Südfrankreich, Spanien, auf Korsika, Elba, Sardinien oder in Süditalien. Das ist für uns Neuland und wir sind sehr daran interessiert, im Mittelmeerraum Fuß zu fassen.

Lösungsvorschläge

1 Auf dem Bildschirm steht eine mehrfarbige Kerze.

2 Die Maus hat die Form eines Schwans, das ist das neueste Design.

3 Die Disketten werden auf den Dreizack gespießt und über den Verhandlungstisch gereicht.

4 In die Ecke des Bildschirms kommt ein Kleeblattaufkleber, jedes Blatt steht für ein halbes Jahr Garantie.

5 Zwei Finger der Hand zeigen die zwei Jahre für die Updates an.

6 Ein Elefant hebt den Graben aus und verlegt das Kabel.

7 Der Einweiser fährt einen Sportwagen und hat rechts und links die Firmenwimpel als Standarte befestigt.

8 Die Sanduhr (als Symbol für die 8) wird halbiert und ergibt 4; die beiden Hälften haben jeweils die Form einer Null = 400.

9 Die Grundstücke sind von Schlangen bewohnt.

10 Vom Golfball werden 40 Prozent abgeschnitten; er kann nicht mehr gleichmäßig rollen.

11 Bei dem Fest werden Spaghetti serviert, und wir wollen im Mittelmeerraum, wo man Spaghetti isst, Fuß fassen.

Praxistipps

- Sie werden entdecken, dass mit solch einer verinnerlichten Liste ihre Sicherheit im Gespräch und Ihre Kompetenz wachsen. Sie behalten stets den Faden des Gesprächs in der Hand, auch nachdem Sie ausführlich auf Einwände Ihres Gegenübers eingegangen sind und dessen Zwischenfragen beantwortet haben. Alle elf Punkte sind jederzeit überschaubar und selektiv abrufbar, wenn es das Gespräch erfordert. Ablenkendes Nachdenken und die Suche nach weiteren Argumenten entfallen. So können Sie als Verkäufer mehr Aufmerksamkeit auf die Beobachtung Ihres Kunden verwenden.

- Machen Sie sich immer wieder die vielen Vorteile der Verknüpfungstechnik bewusst:

  - Schon die Vorbereitung des Verkaufsgesprächs macht Spaß; sie bringt innere Sicherheit und programmiert das Unterbewusstsein auf Erfolg.

  - Ein gut vorbereitetes Verkaufsgespräch erzeugt ein besonderes Flair. Ihre Argumente kommen überzeugend beim Kunden an.

  - Das Denken in Bildern unterstützt Ihre Ausstrahlungskraft und somit Ihre ganze Persönlichkeit. Sie gewinnen an Souveränität.

  - Durch bildliches Denken und in der Konsequenz auch durch bildhafte Ausdrucksweise können Sie Ihre Kunden schneller erreichen und deren Vorstellungskraft steuern. Argumente, die in Bilder gekleidet sind, prägen sich bei Ihren Kunden besser ein.

– Sämtliche Argumente sind Ihnen ständig präsent; Sie verlieren keine Energie durch Suchen nach dem Zusammenhang. Sie geraten nicht aus dem Konzept.

– Ihre Fähigkeit zum Selektivabruf der Themen außerhalb ihrer ursprünglichen Reihenfolge erhöht Ihre Flexibilität im Gespräch.

– Sie können auch auf Einwände sofort reagieren und sie entkräften, denn Sie sind gut vorbereitet und haben daher mit ihnen gerechnet.

– Als Verkäufer entscheiden Sie allein über die Abfolge und die Schwerpunkte der Argumentation und speichern Ihre Argumente entsprechend ab; die Zahlen bieten Ihnen ein brauchbares Ordnungssystem.

Nach Erlernung dieser Methoden können Sie sich Gedächtniskünstler nennen, weil die Beherrschung dieser Gedächtnismethoden tatsächlich eine Kunst ist. Jetzt können Sie auch das Privileg jedes Künstlers für sich in Anspruch nehmen, dass Kunst einfach dazu führt, mehr geistige Freiheit zu genießen. Jetzt können Sie sich fühlen wie ein Vogel, der vom Boden abhebt. Von oben sieht die Welt ganz anders aus.

Zahlen einprägen

Übung 44
🕐 **30 min**

Wichtige Zahlen merken Sie sich leichter, wenn Sie diese mit Bildern verbinden und zu einer lustigen Geschichte verknüpfen.

Machen Sie diese Übung mit

1 Ihrer Handynummer,

2 Ihrer PIN-Nummer,

3 Ihrer Kontonummer,

4 der Bankleitzahl Ihrer Hausbank,

5 drei ausgewählten Eckdaten der Bilanz,

6 zwei wichtigen Telefonnummern.

Lösungstipps

- Bei sehr viel Zahlenmaterial wird es notwendig, länger zu üben.

- Weltmeisteranwärter finden die Symbole für die Zahlen von 21 bis 100 unter www.geisselhart-lernen.de (im Download-Bereich).

Lösungsbeispiel

Mein Freund hatte kürzlich Probleme, weil er seine PIN-Nummer vergessen hatte. Ich kopierte ihm die Zahlensymbole 1 bis 10. Seine neue PIN-Nummer lautete 3672 und ich erzählte ihm die folgende Geschichte: Der Zoowärter piekst mit der Gabel den Elefanten in den Hintern, der Elefant rennt los und rammt den Fahnenmast, der Fahnenmast mit Fahne fällt in den Teich und verscheucht den Schwan.

Ich ließ ihn die Geschichte anschaulich wiederholen und die Reihenfolge beachten. Seitdem hat er seine PIN-Nummer immer richtig und lachend gewählt. Da er zwei Kontoverbindungen hat, färbt er seine jeweilige Bildergeschichte rot ein, wenn er zur Sparkasse geht, und hellblau für die Volksbank.

Die Fantasie breiter ausbilden

Alternativsymbole für die Zahlen 1 bis 10 einprägen

Übung 45
⏱ **15 min**

Zur Abrufung von Daten unter Zeitdruck, unter Stress oder für besonders wichtige Fakten stellen wir Ihnen als Alternative zu den bereits vorgestellten Symbolen eine zweite Liste zur Erweiterung der Fantasie vor. Es ist immer gut, für vielfältige praktische Anforderungen ein Reservesystem zu haben. Prägen Sie sich die folgenden zehn neuen Symbole gut ein. Um sie noch anschaulicher zu gestalten, verbinden Sie jedes Symbol mit einer bekannten (Comic-)Person.

Für die Zahl 1 steht ein Streichholz. Die 1 hat die Gestalt eines Streichholzes und ein Streichholz kann nur einmal angezündet werden.

Anstelle der 2 stellen Sie sich den Bug eines Wikingerschiffes vor.

Das Bild für die Zahl 3 ist eine Pyramide.

Die Zahl 4 wird als Fenster dargestellt – eine eindeutige Zuordnung: Die Streben unterteilen das Fenster in vier Teile.

Für die Zahl 5 nehmen Sie einfach ein Fünf-Cent-Stück.

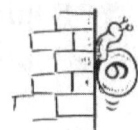

Die Zahl 6 wird durch eine Schnecke vertreten, die eine Wand hinauf kriecht.

Für die Zahl 7 nehmen wir eine Sense – wenn man die Metallschneide nach oben hält, sieht die Sense aus wie eine 7

Aus der Zahl 8 bauen wir eine Eisenbahnstrecke, diese hat die Form einer 8.

Auch die Zahl 9 kann man sich leicht merken – wir sehen in ihr ein Schneeglöckchen, dessen Blüte sich nach unten öffnet. Der Stängel biegt sich unter dem Gewicht der Blume.

Bei der Zahl 10 denken wir an Billard. Der Billardqueue symbolisiert die 1, die Billardkugel die 0.

Lösungstipps

- Entscheiden Sie sich einfach für dasjenige Bild, welches ihnen spontan einfällt. Ein logischer Bezug muss in der Fantasie nicht existieren. Wir ermutigen Sie, nicht die angebotenen Bilder zu nehmen, sondern Ihre eigenen.

- Auch die Wahl der Zusatzbilder ist prinzipiell beliebig. Gestatten Sie sich so viel künstlerische Freiheit, wie Sie wünschen. Erweitern Sie die Größe des Raumes in Ihrem Kopf. Erahnen Sie mehr Dimension im Bild, wie zum Beispiel im Abendmahl von Leonardo da Vinci.

Lösungsvorschläge

Zusatzbilder

- zur Zahl 1: James Bond hält ein Streichholz in der Hand und entzündet eine Zündschnur.

- zur Zahl 2: Asterix und Obelix stehen auf einem Wikingerschiff.

- zur Zahl 3: Vor der Pyramide sitzt die Sphinx.

- zur Zahl 4: Rotkäppchen gibt der Großmutter zu essen und der Wolf schaut durch das Fenster hinein.

- zur Zahl 5: Dagobert Duck badet in Geldmünzen.

- zur Zahl 6: In der Werkstatt von Meister Eder läuft eine Schnecke die Wand hinauf und Pumuckel bemerkt sie.

- zur Zahl 7: Die sieben Zwerge mähen mit einer Sense das Gras vor ihrem Haus.

- zur Zahl 8: Lukas der Lokomotivführer und die wilde 13 fahren mit dem Zug die Form einer 8.
- zur Zahl 9: Eine Fee hält ein Schneeglöckchen in der Hand.
- zur Zahl 10: Inspektor Columbo spielt im Trenchcoat und mit seiner Zigarre im Mund Billard.

Namen und Gesichter einprägen

Aus alten Berufen stammende Namen
Übung 46
🕐 **5 min**

Es gibt zwei Hauptkategorien von Namen: Namen, die etwas aussagen – die eine konkrete Bedeutung haben – und Namen, die ohne jede Bedeutung sind – die uns nichts sagen. Unter den Namen, die etwas aussagen, gibt es viele, die man in die Kategorie der Berufe einordnen kann. Andere stammen aus der Tierwelt.

Nehmen Sie die folgenden Namen aus der Berufswelt und entwerfen Sie ein passendes Bild:

1 Bäcker

2 Fischer

3 Müller

4 Zimmermann

Lösungsvorschlag

Die Ihnen vorgestellte Person heißt Müller. Sie stellen sich Ihren neuen Bekannten nun vor, während er in seinem Anzug oder sogar im Smoking – je nachdem, in welchem Kleidungsstück Sie ihn kennengelernt haben – die schweren Getreidesäcke zur Mühle schleppt. Sie malen sich deutlich aus, wie er gebückt geht und unter dem Gewicht stöhnt.

Praxistipps

- Jeder Mensch fühlt sich angenehm berührt oder gar geschmeichelt, wenn Sie ihn mit seinem Namen ansprechen, vor allem, wenn seit der letzten Begegnung schon geraume Zeit verstrichen ist. Machen Sie sich bewusst, dass meist der Name, nicht aber das Gesicht vergessen wird, weil die meisten Menschen sehorientiert sind.

- Prägen Sie sich den Namen Ihres Gesprächspartners von Anfang an ein. Wenn derjenige, der sich vorstellt, seinen Namen nur so vor sich hinmurmelt, fragen Sie nach, wenn Sie ihn nicht verstanden haben. Wiederholen Sie den Namen auch während der Unterhaltung des Öfteren (natürlich ohne zu übertreiben). Er prägt sich dann wesentlich besser ein.

Tiernamen

Hier zwei Beispiele der Tiernamengruppe. Ordnen Sie jedem der folgenden Namen ein lustiges Bild zu:

1 Frau Bär

2 Herr Fuchs

3 Herr Wolf

4 Frau Vogel

Lösungsvorschläge

Sehen Sie Frau Bär, wie sie zur Gesellschaft geht und einen Tanzbären an der Leine führt? Oder Herrn Fuchs, wie er sich in seinem Bau verkriecht?

Praxistipp

Denken Sie sich Ihre eigenen Bilder aus. Nur dann können Sie sich die entsprechenden Verknüpfungen dauerhaft einprägen.

Zusammengesetzte Namen   Übung 48
                                 🕐 5 min

Eine weitere Gruppe von Namen besteht aus zusammenge-
setzten, konkreten Begriffen. Beispiele sind:

1 Herr Kochendorf

2 Herr Hagendorn

3 Frau Petersmann

4 Frau Heimgartner

5 Herr Pfleghaar

Denken Sie sich zu jedem der oben genannten Namen ein
Bild aus.

Lösungsvorschlag

Herr Kochendorf steht mit Schürze und Kochhaube mitten in
einem kleinen Dorf und kocht in einem riesigen Kessel über
einem großen Feuer für alle Dorfbewohner ein Festtagsge-
richt.

Namen mit versteckter Bedeutung

Übung 49
⏱ 10 min

Manche abstrakten Namen gewinnen durch eine leicht veränderte Schreibweise oder durch Weglassen oder Hinzufügen von Buchstaben eine gegenständliche Bedeutung.

Überlegen Sie, wie man die Schreibweise der folgenden drei Namen verändern muss, damit die sich ergebenden Wörter konkrete Gegenstände bezeichnen.

1 Bardt

2 Floss

3 Tanner

Lösungsvorschläge

- Herr Bardt hat einen wunderschönen langen Bart, der ihm bis zur Brust reicht.

- Frau Floss hat keine Hände, sondern an deren Stelle Flossen.

- Herr Tanner bemüht sich gerade, eine Tanne nach Hause zu schleppen, die er im Wald abgesägt hat.

Namen ohne vertraute Bedeutung

Übung 50
🕐 10 min

Wenn wir einen Namen hören, der keine Bedeutung hat, der uns nichts sagt, dann müssen wir ihm mithilfe unserer Fantasie eine Bedeutung geben, denn abstrakte Wörter sind schwerer zu behalten.

Nehmen Sie sich die folgenden vier Namen vor. Geben sie jedem Namen eine vertraute Bedeutung und verknüpfen Sie ihn mit einem Bild.

1 Herr Traimer

2 Herr Lambro

3 Herr Turak

4 Herr Nuskowsky

Lösungstipp

Denken Sie sich ein Ihnen bekanntes Wort aus, das so ähnlich klingt wie der Name – ein sogenanntes Ersatzwort. Dabei ist lediglich der Kern des Wortes wichtig; wenn Sie diesen in Ihrem Gedächtnis gespeichert haben, fällt Ihnen der Rest automatisch ein.

Lösungsvorschläge

- Stellen Sie sich Herrn Traimer als Träumer vor oder als Schlafwandler, wie er mit nach vorn gestreckten Armen und geschlossenen Augen auf dem Dach herumstelzt.

- Herr Lambro ist schon ein schwierigerer Fall. Hier braucht man gleich zwei Ersatzwörter. Sagen Sie den Namen noch einmal Silbe für Silbe auf: Lam – bro. Fällt Ihnen etwas auf? Lambro klingt wie „Lamm" und „Brot". Jetzt müssen Sie sich nur noch ein möglichst einprägsames Bild dazu einfallen lassen. Herr Lambro geht mit einem Laib Brot unter dem Arm und einem scharfen Messer in der Hand auf die Weide, um ein Lamm zu schlachten.

- Herr Turak macht eine Tour im Frack. Sehen Sie ihn, während er im Frack einen Gipfel erklimmt oder auf dem Fahrrad sitzt.

- Herr Nuskowsky fährt mit einer Nuss auf dem Kopf Ski. Sehen Sie, wie er sich gerade halten muss, damit die Nuss nicht hinunterfällt?

Praxistipp

Es spielt überhaupt keine Rolle, wie weit Sie die Absurdität ihrer Bilder reicht. Je unsinniger das Ersatzwort, umso einprägsamer ist es. Sie werden merken, wie unglaublich erfinderisch Sie mit der Zeit werden und wie sehr Sie damit Ihre Fantasie und Ihr Gedächtnis schulen. Durch Übung gelangen Sie zu den unterschiedlichsten Kombinationsmöglichkeiten.

Gesichter merken (Teil 1)

Übung 51
🕐 **15 min**

Betrachten Sie die folgenden Gesichter und verbinden Sie diese mit einem passenden Namensbild. Prägen Sie sich die Gesichter und die zugehörigen Namen ein.

Frau Knoll

Herr Kämmler

Herr Krauter

Lösungstipp

Wenn Sie die menschlichen Gesichter genau anschauen und studieren, so fällt Ihnen dabei mehrerlei auf. Erstens sind sie nicht streng symmetrisch. Die linke Hälfte eines Gesichts sieht immer etwas anders aus als die rechte Hälfte. Zweitens ist bei manchen Gesichtern die Oberpartie mehr betont, bei anderen mehr die Mittel- oder Unterpartie. Fast jedes Gesicht – selbst wenn es Ihnen auf den ersten Blick alltäglich erscheint – hat irgendein hervorstechendes Merkmal, etwas, das Ihnen besonders auffällt. Das kann zum Beispiel eine dicke Nase sein, eine hohe Stirn, ein Bart, eine Glatze. Oder Ihr Gegenüber hat leuchtende Augen, fleischige Lippen, große oder abstehende Ohren, hervortretende Backenknochen und so weiter. Wichtig ist, was Ihnen ins Auge sticht, wenn Sie das Gesicht Ihres Gegenübers betrachten.

Lösungsvorschläge

- Frau Knoll trägt die Haare hinten zu einem Knoten zusammengebunden. Der Knoten erinnert uns an eine Sellerieknolle.

- Herr Kämmler ist noch immer sorgfältig frisiert. Sie sehen ihn vor sich, wie er sich kämmt.

- Herr Krauter hat eine Frisur wie der Struwwelpeter. Sie beobachten, wie seine Haare sich zu Kräutern verformen.

Praxistipps

- Wenn Sie nicht gleich auf Anhieb ein hervorstechendes Merkmal erkennen, studieren Sie das Gesicht ein wenig genauer. Beobachten Sie auch die Mimik Ihres Gegenübers. Dann wird Ihnen mit Sicherheit irgendetwas auffallen.

- Lassen Sie sich eine unmögliche Verknüpfung einfallen. Je verrückter und je gegenständlicher, desto einprägsamer. Je abstrakter, desto flüchtiger.

- Anfangs sollte Ihr Bild so reich ausgeschmückt sein wie möglich. Später, nach einigen Tagen oder Wochen Training, genügen schon ganz wenige Erinnerungsstützen.

- Wenn Sie im Gesicht Ihres Gegenübers beim besten Willen kein markantes Merkmal finden, können Sie sich auch auf andere Eigenheiten stützen, zum Beispiel auf die Sprechweise, die Gangart, die Haltung, die Gebärden und Ähnliches. Je mehr Übung Sie haben, umso rascher wird es Ihnen gelingen, ein geeignetes Merkmal und eine möglichst originelle Verknüpfung zu finden.

- Trainieren Sie Namen und Gesichter mit Ihrem Partner/Ihrer Partnerin zu Hause im Dialog und nehmen Sie sich auch ausländische Namen vor. Verknüpfen Sie deren Silben. Dies ist das beste Training, um sich beispielsweise auch schwere Vokabeln einzuprägen.

Gesichter merken (Teil 2)

Übung 52
🕐 **10 min**

Wiederholen Sie Übung 50 sinngemäß mit den folgenden Informationen:

1 Herr Fellmer trägt einen Schnauzbart.

2 Herr Bolei hat eine Glatze.

3 Herr Hollberger hat eine große Nase.

Lösungsvorschläge

- Herrn Fellmers Schnauzbart ist so üppig, dass er die Partie zwischen Nase und Oberlippe fast vollständig bedeckt. Sie stellen sich vor, wie der Bart nach und nach seinen ganzen Körper überwuchert und sich zu einem regelrechten Fell auswächst.

- Herr Bolei hat eine Glatze. Wir schütten etwas Ananas-Bowle darauf und zerschlagen darauf ein Ei. (Aufpassen: Das ist kein Haarwuchsmittel, sondern nur eine Merk-hilfe.)

- Herrn Hollbergers Nase ist sehr markant, die Nasenflügel sind breit gewölbt. Sie stellen ihn auf einen Berg zu Frau Holle und lassen es aus seiner Nase heraus schneien, bis der ganze Berg schneebedeckt ist.

Vokabeln lernen

Übung 53
🕐 **30 min**

Prägen Sie sich die folgenden Vokabeln ein, indem Sie passende Bilder oder Klangähnlichkeiten von Wörtern aus Ihrer Muttersprache mit der fremden Vokabel festlegen.

cubare – liegen (lateinisch)
bolso – Tasche (spanisch)
helios – Sonne (griechisch)
hostigar – bedrängen (spanisch)
embouchure – Flussmündung (französisch)
but – aber (englisch)
primavera – Frühling (italienisch)
livre – Buch (französisch)

Lösungstipps

- Wenn Sie nach einem ähnlichen Klang suchen, so denken Sie daran, dass es nicht um Gleichklang geht, sondern nur um Ähnlichkeit. Der Vergleich muss keineswegs perfekt ausfallen. Stützen sie sich auf die „Egal-Regel": Egal, ob das verknüpfte bekannte Wort zu 100 Prozent passt oder nicht, Hauptsache, es ist der fremden Vokabel einigermaßen ähnlich. Es genügt schon, wenn beispielsweise nur die erste Silbe passt.

- Zerlegen Sie die fremde Vokabel in einzelne Silben oder Silbengruppen und übersetzen Sie diese in Ihnen vertraute, andere Wörter.

- Nutzen Sie einzelne Buchstaben der Vokabel doppelt.

- Beziehen Sie in Ihre Suche nach Verknüpfungen andere Dialekte oder Sprachen ein.

- Wenn Ihnen keine direkten Verknüpfungen einfallen, gehen Sie Umwege.

- Die Verknüpfungen können und sollten skurril sein. So prägt sie sich am besten ein. Lassen Sie all Ihre Sinnesorgane wirken, und beziehen Sie Ihre Gefühle mit ein.

Lösungsvorschläge

- Cubare: Wir zerhacken die Vokabel in Silben und suchen für jede einzelne Silbe oder Silbengruppe nach einem ähnlichen Wort. Auf diese Weise wird Cubare zu cu – ba – re. Aus cu wird Kuh, ba und re  zusammengefasst ergeben Bahre. Schon haben wir ein Bild vor Augen, indem wir uns eine Kuh vorstellen, die auf einer Bahre liegt.

- Bolso: Wir suchen nach einem ähnlichen Klang. Das Wort ähnelt dem uns bekannten Wort „bolzen". Sie denken sofort an die Fußballweltmeisterschaft.

- Helios (griechisch Sonne) besteht aus den Silben he, li und os. Daraus entstehen die Wörter Helikopter, Liege, Ostern. Im Helikopter steht eine Liege, die mit Ostereiern übersät ist.

- Hostigar (ausgesprochen ostigar): Wir benutzen den Buchstaben t doppelt. Einmal für Ost und das zweite Mal für Tiger.

- L'embouchure (ausgesprochen loambuschür): Das Wort klingt ähnlich wie Lampenschirm, ausgesprochen Loambeschürm auf Schwäbisch.

- But: die Bedeutung lässt sich schwerlich direkt mit einem Bild verknüpfen. Sie spinnen munter weiter. „Aber" ist nun einmal kein Bild. Der Name der Band Abba hört sich allerdings ähnlich an wie „aber".

Praxistipp

Der letzte Tipp gilt für alle Übungen, die in diesem Buch vorgestellt wurden: Geduld und die langsame Steigerung des Schwierigkeitsgrades der Übungen sichern den Erfolg des Gedächtnistrainings. Übertragen Sie jede Übung auf eine dazu geeignete Situation aus Ihrem täglichen Leben. Führen Sie jede Übung mehrmals durch, bevor Sie zur nächsten übergehen. Mit konsequentem Training werden Sie Ihre schnellen Anfangserfolge bald auf ein höheres Niveau heben. Doch alles braucht seine Zeit. Sie können im Grunde nur einen einzigen Fehler machen: sich zu früh zu viel zuzumuten. Das ist alles.

Literatur

Birkenbihl, Vera F.: Stroh im Kopf? Vom Gehirn-Besitzer zum Gehirn-Benutzer. 48. Auflage, München 2007

Buzan, Tony: Nichts vergessen! 15. Auflage, München 2000

Geisselhart, Roland R./Burkart, Christiane: Werden Sie ein Genie! 1. Auflage, Zürich 1997

Geisselhart, Roland R./C. Hofmann-Burkart: Stress ade. 5. Auflage, Die besten Entspannungstechniken. Planegg 2008

Geisselhart, Roland R./Zerbst, Marion: Das perfekte Gedächtnis. 1. Auflage, Zürich 2004

Lorayne, Harry, Jerry Lucas: The Memory Book. 1. Auflage, Ballantine Books. 1996

Stichwortverzeichnis

Bibliografische Information der Deutschen Nationalbibliothek
Die Deutsche Nationalbibliothek verzeichnet diese Publikation in der Deutschen National-
bibliografie; detaillierte bibliografische Daten sind im Internet über http://dnb.d-nb.de
abrufbar.

ISBN 978-3-448-10146-1
Bestell Nr. 00339-0001

© 2010, Haufe-Lexware GmbH & Co. KG, Munzinger Straße 9, 79111 Freiburg

Redaktionsanschrift: Fraunhoferstraße 5, 82152 Planegg/München
Telefon: (089) 895 17-0,
Telefax: (089) 895 17-290
www.haufe.de
online@haufe.de
Lektorat: Dr. Ilonka Kunow, Dr. Ute Gräber-Seißinger
Redaktion: Jürgen Fischer
Redaktionsassistenz: Christine Rüber

Umschlaggestaltung: Kienle gestaltet, Stuttgart
Umschlagentwurf: Agentur Buttgereit & Heidenreich, 45721 Haltern am See
Desktop-Publishing: Agentur: Satz & Zeichen, Karin Lochmann, 83129 Höslwang
Druck: freiburger graphische betriebe, 79108 Freiburg

Zur Herstellung dieses Buches wurde alterungsbeständiges Papier verwendet.

Die Autoren

Roland R. Geisselhart

absolvierte eine Psychologieausbildung an einer Privatschule und ist heute einer der bekanntesten Managementtrainer für Gedächtnis- und Konzentrationstechniken und bildet neuerdings auch Gedächtnistrainer aus. Zahlreiche Fernsehauftritte, u. a. bei Dr. Alfred Biolek und im Gesundheitsmagazin Praxis, machten ihn einer breiten Öffentlichkeit bekannt. Bisher besuchten über 100000 Teilnehmer seine Seminare in führenden Unternehmen in Deutschland, der Schweiz und Österreich.

Internetadressen: www.geisselhart.com, www.geisselhart-lernen.de.

Christiane Hofmann

Autorin, arbeitet freiberuflich als Kursleiterin für Entspannungsmethoden. Zusammen mit Roland R. Geisselhart hat sie bereits mehrere Bücher veröffentlicht.

Vom Roland Geisselhart und Christine Hofmann stammt der erste Teil dieses Buches (S. 7 bis 125).

Manuela Bürger

gehört seit vielen Jahren zum Roland Geisselhart Team und hat bereits einige Bücher mit Roland Geisselhart erarbeitet.

Internetadresse: www.geisselhart-lernen.de.

Die Autoren danken Ilse Rohrer, Aurelia Beck und Cordula Kießling für die Mitarbeit sowie den Gedächtnistrainern Dr. Sebastiana Musmeci, Manfred Lorenz und Thomas Drach für die inhaltliche Hilfestellung.

Von Roland Geisselhart und Manuela Bürger stammt der zweite Teil dieses Buches (S. 127 bis 246).

Weitere Literatur

„IQ-Tests" von Matthias Katz, 128 Seiten, € 6,90.
ISBN 978-3-448-09235-6, Bestell-Nr. 00833

„Mathematische Rätsel und Knobelaufgaben" von Alfons Weinem, 128 Seiten, € 6,90.
ISBN 978-3-448-09120-5, Bestell-Nr. 00984

„Allgemeinwissen Schnelltest", von Guido Huß, 128 Seiten, € 6,90.
ISBN 978-3-448-10089-1, Bestell-Nr. 00881

„Einstellungstests sicher bestehen" von Doris Brenner und Frank Brenner, 248 Seiten, € 14,95.
ISBN 978-3-448-09505-0, Bestell-Nr. 04242

Seien Sie gewappnet

TaschenGuides – Qualität entscheidet

Bereits erschienen: